中等职业教育改革创新示范教材

基础会计

主　编　卜少利
副主编　刘小力
参　编　王　玉　刘国军　刁　娟
　　　　韩　芳　赵彦芳　张建慧
主　审　张艳旭

机 械 工 业 出 版 社

本书主要内容包括：会计概述、会计核算、开展会计工作、企业基本经济业务核算、会计凭证、会计账簿、财产清查、财务报告、会计核算程序九个模块。每个模块都设置学习目标、单元情景、知识储备和单元小结，使学生能够充分了解和掌握每个模块的会计基本理论与技能。

本书可作为中等职业技术学校会计专业、财经类其他专业的教材，也可作为对口升学的考试用书和成人教育培训用书。

图书在版编目(CIP)数据

基础会计/卜少利主编．—北京：机械工业出版社，2013.9

中等职业教育改革创新示范教材

ISBN 978-7-111-43619-5

Ⅰ.①基… Ⅱ.①卜… Ⅲ.①会计学—中等专业学校—教材 Ⅳ.①F230

中国版本图书馆 CIP 数据核字(2013)第 182893 号

机械工业出版社（北京市百万庄大街 22 号 邮政编码 100037）
策划编辑：宋 华 责任编辑：陈 曦
责任印制：李 洋
三河市宏达印刷有限公司印刷
2013 年 9 月第 1 版 · 第 1 次印刷
184mm × 260mm · 9.5 印张 · 225 千字
0001—2000 册
标准书号：ISBN 978-7-111-43619-5
定价：29.00 元

凡购本书，如有缺页、倒页、脱页，由本社发行部调换

电话服务	网络服务
社服务中心：(010)88361066	教材网：http://www.cmpedu.com
销售一部：(010)68326294	机工官网：http://www.cmpbook.com
销售二部：(010)88379649	机工官博：http://weibo.com/cmp1952
读者购书热线：(010)88379203	**封面无防伪标均为盗版**

示范学校建设专业核心课教材
编审委员会

前言

2010年国家实施中等职业教育改革发展示范学校建设项目，其重点内容之一就是以人才培养对接用人需求、专业对接产业、课程对接岗位、教材对接技能为切入点，深化教学内容改革。在专业建设中以工学结合、校企合作人才培养模式改革为重点，以课程体系建设为核心，打破传统的课程体系和教学模式，根据职业资格标准和岗位任职要求，对岗位工作任务、工作过程和职业能力进行分析，构建基于工作过程的课程体系。与企业合作开发专业核心课程，引入企业、行业工作规范和技术标准，以典型任务、真实产品、真实工艺等为载体，设计学习情境，改革教学内容、教学方法、教学手段和课程评价方式。

本教材根据“行动导向、任务引领、学做结合、理实一体”的原则编写而成。通过召开研讨会，分析提炼出典型的职业活动，重点突出学生基础知识学习、基本技能训练、职业素养培养。

本教材由卜少利任主编，刘小力任副主编，张艳旭任主审。具体编写分工如下：模块一由刘小力编写，模块二、模块三由卜少利编写，模块四、模块五由王玉编写，模块六由河北保定交通运输集团有限公司财务处刘国军编写，模块七由长城汽车股份有限公司财务部刁娟编写，模块八由乐凯胶片股份有限公司财务部韩芳编写，模块九由保定国正园林工程有限公司财务处赵彦芳、张建慧编写。

为了方便教学，凡选用本书作为教材的教师，均可登录机构工业出版社教材服务网（http：//www. cmpedu. com）免费下载助教课件。

由于编者水平有限，书中难免有不妥之处，敬请读者批评指正。

编　者

目　录

模块一 会计概述

学习目标

1. 知识目标：了解会计的含义、职能、特点及会计核算的方法；理解会计对象；了解会计法律体系；了解我国现阶段会计管理体制；掌握会计机构设置原则、组织形式、会计人员应具备的基本条件、会计人员工作的职责权限；了解会计档案的范围；理解会计档案的作用；掌握会计档案的搜集、整理、保管、使用以及会计档案的销毁等。

2. 能力目标：能描述工业企业的基本经济业务内容；能为中小企业会计机构划分会计岗位，配备相应的会计人员；能说出会计工作中常用的法律法规；会搜集整理会计档案；会按相关规定保管会计档案；保管期满的会计档案销毁时会办理相关手续。

3. 素质目标：爱岗敬业、诚实守信、熟悉法律、工作严谨。

第一单元　认识会计

单元情景

张月明初中毕业后升入职业学校学习，爸爸、妈妈主张她学习会计，说："会计是经济管理的组成部分，经济越发展会计越重要。毕业以后，可以在企业的管理部门工作，为企业记账、算账，当家理财……"。张月明不太清楚会计到底是一种什么样的职业，总之，听家长的话没错，于是月明毕业后进入一所职业学校管理工程系会计专业学习。初中刚毕业的同学一般只知道有会计这样一种工作，但是对于会计的职能、会计的特点、会计的对象、会计的发展前景等并不清楚。

知识储备

一、会计的产生与发展

会计从产生到现在已经有几千年的历史，它的产生和发展是为了适应人类社会生产实践和管理需要。物质资料的生产是人类存在和赖以发展的基础，在原始社会后期人类的劳动有了剩余产品，逐步产生了计数和计算的要求。在文字产生以前，这种计算计数是用结绳记事、刻木记事或凭人们的记忆来完成的。在文字产生以后，人们对物质资料的生产与消耗开始有了文字记载，于是就产生了会计。我国在西周时期就已经出现了会计一词。清代学者焦循所著《孟子正义》一书中，针对西周时代的会计解释为：“零星算之为计，总合算之为会”。根据马克思的考证，远在印度太古时期的共同体中就已经有了农业记账员。奴隶社会和封建社会的会计，主要是用来核算和监督政府开支，为官方服务。随着商品经济的发展，特别是在欧洲产业革命以后，生产日益规模化、社会化，更需要会计从价值上来全面、完整、系统地反映和监督生产经营的全过程以及结果。

因此，会计的含义可以表述为：会计是经济管理的组成部分，它以货币作为主要计量单位，以凭证为依据，运用一套科学的方法，对一定主体的经济活动进行全面、综合、连续、系统的核算和监督，提供经济信息，参与经济预测与决策，是一种经济管理活动。

随着全球信息化、经济全球化的发展，使作为“国际商业公共语言”的会计内涵及外延不断丰富发展。会计作为一种社会现象，它产生于管理的需要，并且一开始就以管理的形式出现。作为一种经济管理活动，会计与社会经济发展有着密不可分的联系，会计的产生和发展离不开人们对生产经营活动进行管理的客观需要，它已成为经济管理的组成部分，并且经济越发展，管理越加强，会计越重要。

二、会计的职能

会计的职能是指会计在经济管理工作中所具有的功能或能够发挥的作用。会计的基本职能是核算与监督。

1. 会计核算

会计核算也称做会计的反映职能，是以货币为主要计量单位，对会计主体的经济事项进行连续、系统、全面的确认、记录、计量和报告，是会计的首要职能，是会计工作的基础。会计核算贯穿于经济活动的全过程，它不仅包括通常所说的记账、算账、报账，而且还包括事前预测、事中控制、事后分析和考核。会计主体进行会计核算，必须遵守《中华人民共和国会计法》和有关财务制度的规定，符合有关会计准则和会计制度的要求，力求会计资料真实、正确、完整，保证会计信息的质量。

2. 会计监督

会计监督职能是指会计利用会计核算职能提供的经济信息，对会计主体的经济活动进行控制，使之符合国家的法律法规的要求，以确保会计信息的有用性和可靠性，为管理和决策服务，从而达到提高单位经济效益的目的。

根据《中华人民共和国会计法》和其他有关会计法规的规定，会计人员进行会计监督的具体内容主要包括：

（1）对会计凭证、会计账簿和会计报表等会计资料进行监督，以保证会计资料的真实、准确、完整、合法。

（2）对各种资产进行监督，以保证资产的安全完整与合理使用。

（3）对财务收支进行监督，以保证财务收支符合财务制度的规定。

（4）对经济合同、经济计划及其他重要经营管理活动进行监督，以保证经济管理活动的科学、合理。

（5）对成本费用进行监督，以保证用尽可能少的投入，获得尽可能多的产出。

（6）对利润的实现与分配进行监督，以保证按时上交税金和进行利润分配等。

核算与监督是密不可分的两项会计基本职能，两者相辅相成。核算是监督的基础，没有核算，监督就无从谈起；而监督是核算的深化和延续。只有核算没有监督，会计就发挥不了应有的作用。

随着经济的发展和管理要求的提高，会计在对已经发生的经济活动进行事中、事后的核算和监督职能的基础上，已经发展到对经济活动进行事前分析预测、参与决策以及事后总结考核等职能。

三、会计核算的方法

会计核算方法是对经济业务进行全面、连续系统的反映和监督所运用的方法，主要有七种，见表1-1。

表1-1　会计核算方法的内容

会计核算方法	含　义
设置会计科目和账户	对会计核算的具体内容进行分类核算和监督的一种专门方法
复式记账	每一项经济业务发生以后，都要以相等的金额，在两个或两个以上相互联系的账户中进行记录的一种专门方法
填制、审核凭证	为了保证会计记录真实、可靠、完整，审核经济活动是否合理合法的一种专门方法
登记账簿	在账簿中连续、系统、完整地记录经济业务的一种专门方法
成本计算	按照成本计算对象，划分成本项目，归集分配生产费用，确定成本计算对象的总成本和单位成本的一种专门方法
财产清查	通过对实物、现金的实地盘点和对银行存款、往来款项的核对，查明实有数和账面数是否相符的一种专门方法
编制会计报告	以书面报告的形式定期反映企业财务状况和经营成果的一种专门方法

这七种会计核算的方法是相互联系、密切配合，构成了一个完整的会计核算方法体系。一般在经济业务发生以后，按规定的手续填制审核会计凭证；运用复式记账法在有关账簿中进行登记；期末对生产经营过程中发生的费用、成本进行计算；对财产物资债权债务进行清查盘点，保证账实相符；在账证、账账、账实相符的基础上，根据账簿的记录编制会计报表，如图1-1所示。

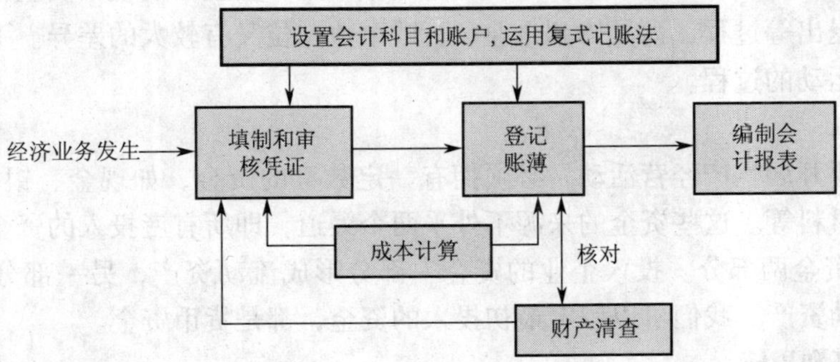

图1-1　会计核算的方法体系

四、会计的特点

会计的特点是指会计在发挥其职能时具有的特征，可以概括为以下四点。

1. 以货币作为主要计量单位

通常，计量单位有实物量度、劳动量度和货币量度三种。尽管会计核算有时采用实物量度（购买材料要说明所购材料的数量、单价）或劳动量度（核算工资要说明劳动者出勤天数或生产产品的数量和质量），但是会计核算最终以货币为主要计量单位（购买材料必须要说明材料的金额、核算工资必须要说明所付工资金额）。会计核算之所以采用货币计量为主，是在于企业经营过程中，前两种计量均无法综合汇总，而货币作为商品交换的一般等价物，可以对各种商品在量上进行综合汇总和比较。因此，会计核算采用货币计量后，就使得企业的经营活动统一地表现为货币运动，因而也就能够综合全面反映企业的经营成果和财务状况。

2. 以凭证为依据

会计凭证是记录经济业务发生或完成情况的书面证明。例如，出差乘坐的车船票、采购材料的发货票、到仓库领料的领料单等。会计的任何记录和计量都必须以会计凭证为依据，这就使会计信息具有真实性和可验证性。只有经过审核无误的原始凭证（凭据）才能据以编制记账凭证，登记账簿进行加工处理。这一特征也是其他经济管理活动所不具备的。

3. 具有连续性、系统性、全面性和综合性

会计利用货币量度核算和监督经济活动时，要以经济业务发生的时间先后顺序，连续不间断地进行记录；对每一项经济业务都要无一遗漏地进行登记，不能任意取舍，做到全面完整。会计记录时，要进行分类整理，使之系统化，并通过价值量进行综合、汇总，完整地反映经济活动的过程和结果。

4. 财务会计核算有一套专门的方法体系

会计作为一项管理活动，在反映监督经济业务时，从填制审核会计凭证开始至编制财务报告为止，有一套专门的方法体系。这种方法体系中的各种具体方法，紧密相连，环环相扣，仅使用其中的一种方法是完成不了工作任务的。这与其他的管理工作有着明显的区别。

五、会计的对象

会计的对象是指会计核算和监督的内容，即会计工作的客体。由于会计以货币为主要计量单位，因而只能核算和监督社会再生产过程中用货币表现的各项经济活动，即凡是特定主体能够以货币表现的经济活动，都是会计核算和监督的内容，也就是会计的对象。以货币表现的经济活动通常又称为价值运动或资金运动。

资金是指企业财产物资的货币表现，包括货币本身。资金运动包括资金投入、资金循环和周转、资金退出等过程，而具体到企业、行政事业单位又有较大的差异。下面以工业企业为例说明资金运动的过程。

1. 资金投入

工业企业要开展生产经营活动，必须拥有一定数额的资金，如现金、银行存款、厂房、机器设备、原材料等。这些资金的来源不外乎两个渠道，即所有者投入的资金和债权人投入（企业借入）的资金两部分。投入企业的资金一部分形成流动资产，另一部分形成企业的固定资产等非流动资产。我们可以假定最初投入的资金，都是货币资金。

2. 资金循环和周转

企业从不同的渠道取得资金以后，必须按照生产经营目标，沿着供应、生产、销售三个阶段进行科学合理的投放。在供应过程中，企业用货币购买生产设备、材料物资为生产做好准备，货币资金转化为固定资金、储备资金；在生产过程中，劳动者借助于劳动资料，将劳动对象加工生产，储备资金转化为生产资金。将车间加工完毕的产品验收到成品库后，生产资金就转化为成品资金；在销售过程中，将生产的产品销售出去，又收回货币资金。

企业的资金，从货币资金开始依次转化为储备资金、生产资金、成品资金，最后又回到货币资金的过程称做资金循环；资金周而复始地循环称为资金周转。实际上，企业的生产经营过程是周而复始、不间断、循环地进行的，即企业不断地投入原材料、不断地加工产品、不断地销售产品，其资金也是不断循环周转的。

3. 资金退出

资金退出是指偿还债务、向国家上缴各项税费、向投资者分配利润等，使得这部分资金离开企业，退出企业的资金循环与周转。

工业企业的资金在供、产、销三个阶段不断地循环周转，这些资金在空间序列上并存在时间序列上继起。企业资金在供应、生产和销售三个阶段上的循环和周转，支撑着企业的正常运营。可见，资金运动的三阶段是相互支持、相互制约的统一体。哪个环节出现问题就会影响企业生产经营活动的顺利进行，甚至使企业生产经营陷入瘫痪，如图 1-2 所示。会计的对象就是资金运动过程中发生的各项经济业务。

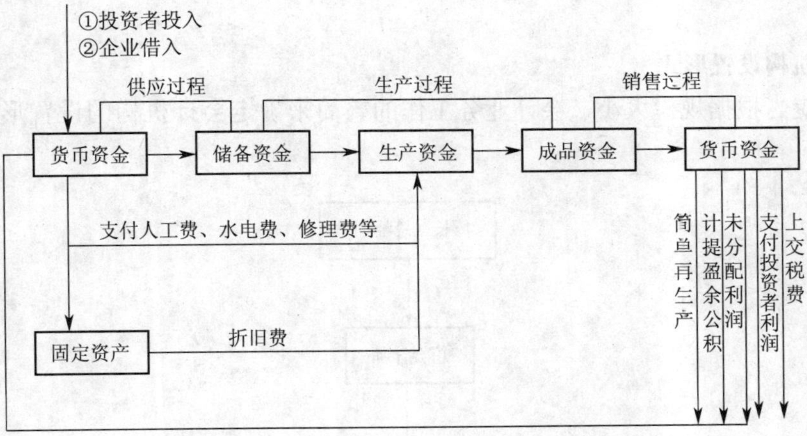

图 1-2 资金循环与周转

单元小结

★ 会计工作之所以会产生和发展是适应于人类社会的生产实践和管理需要，并且经济愈发展，管理越加强，会计愈重要。

★ 会计的基本职能是核算与监督。

★ 会计核算和监督的内容就是会计的对象，即社会再生产过程中，能够用货币表现的各项经济活动。以货币表现的经济活动通常又称为价值运动或资金运动。

★ 会计发挥其职能时，必须拥有一套科学的方法，而且以货币作为主要计量单位，具有全面性、连续性和系统性的特点。

★ 从事会计工作必须爱岗敬业，诚实守信。

第二单元　会计工作的组织

单元情景

在老师的带领下，张月明和同学一起参观了月明父亲开办的木器厂和一个汽车制造厂。木器厂是一个小企业，只有两名会计人员（一名出纳，一名会计），而且会计还兼任企业办公室文秘工作；汽车制造厂是一个大型企业，占地 1 500 亩，会计人员有 100 人左右，会计处下设好多岗位。学校聘请汽车厂赵总会计师，给同学们讲一讲根据企业的实际情况，如何设置会计机构、配备会计人员，会计人员应当遵守哪些职业道德、了解哪些法律法规等。

知识储备

一、设置会计机构

1. 会计机构

会计机构是企业、行政事业单位组织处理会计工作的职能部门。各单位都应按照《中华人民共和国会计法》的规定设置会计机构，或者在有关机构中配备会计人员并指定会计主管人员。

2. 会计机构设置形式

各单位应当根据规模大小、会计业务工作的繁简来确定会计机构的设置形式，如图 1-3 所示。

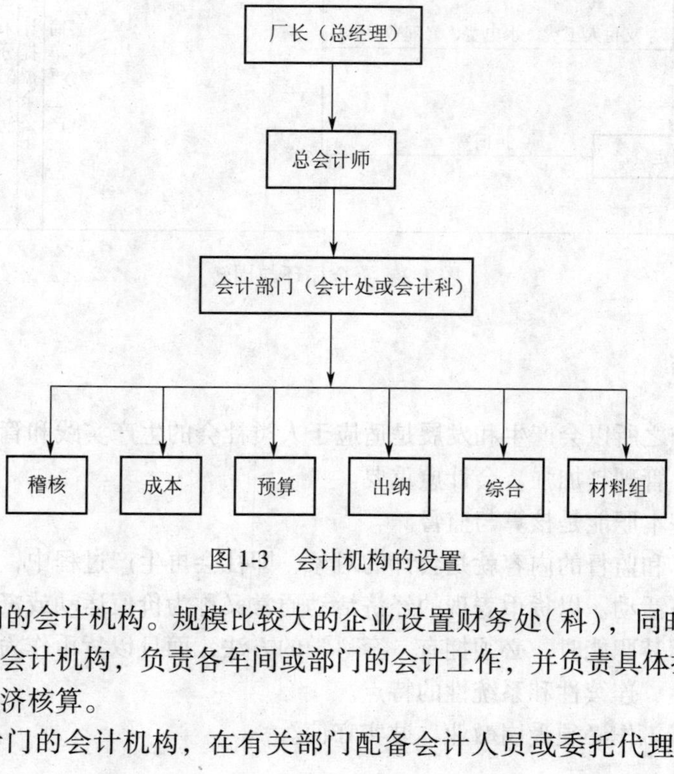

图 1-3　会计机构的设置

（1）设置专门的会计机构。规模比较大的企业设置财务处（科），同时还应在企业的各个车间或部门设置会计机构，负责各车间或部门的会计工作，并负责具体指导和帮助各生产工段、班组进行经济核算。

（2）不设置专门的会计机构，在有关部门配备会计人员或委托代理记账。小型企业、微型企业经济业务较少，可以不设置专门的会计机构，在有关机构中配备会计人员并指定会计主管人员；对于业务很少的微型企业还可以委托从事代理记账业务的中介机构代理记账。

3. 管理会计机构

国务院财政部主管全国的会计工作，县以上各级地方人民政府的财政部门负责管理本行政区域内的会计工作，即实行“统一领导，分级管理”的原则。单位负责人总体管理本单位的会计工作，并对会计工作和会计资料的真实性、完整性负责。

企业一般设置财务处、财务科、财务组，在厂长和经理的直接领导下，依据会计工作的基本规范，具体办理企业的财务会计工作。大中型企业、事业单位按国家规定执行总会计师制度，建立总会计师责任制。总会计师是在厂长、经理领导下主管财会工作的负责人，由具有中级以上会计专业技术职称的人员担任。总会计师领导下的会计机构，负责企业的具体财会工作，并接受主管部门、财税部门和其他部门的检查和监督。

4. 会计岗位责任制

为了提高会计工作的效率，明确每位会计人员的职责，使会计工作程序化、规范化，会计机构的内部必须有合理的分工。这种分工必须根据企业经济业务繁简和各项经济业务之间的有机联系，科学合理地来确定。规模较大的企业在会计处（科）内部还应设置业务小组。例如，分设材料组、工资组、成本组、综合组等各个职能组，分别进行核算、分析和检查工作。

会计机构的内部分工可以一人一岗，也可以一人多岗，还可以一岗多人。但是要考虑到会计手续的严密性，企业进行会计核算的每一个环节都必须坚持“内部牵制”原则，防止贪污舞弊，伪造账目等行为的发生。例如，根据“钱账分管”原则，企业的出纳人员不能监管总账、收入、费用、债权、债务明细账的登记工作；不能再兼任会计稽核工作、会计档案保管工作；根据印鉴分管原则，出纳业务专用章、法人代表财务专用章、财务业务专用章分别由出纳员、复核人员、审核人员或指定人员使用和保管，未经领导批准不得擅自委托他人代管业务印鉴；会计凭证的填制和审核不能由一人兼办等。会计部门在确定了内部工作分工以后，还应建立岗位责任制，明确各个专业小组、各个会计人员的工作任务和工作内容，使企业会计部门的所有成员都能按照科学的工作程序，有条不紊地开展工作。

5. 企业会计工作组织形式

实际工作中企业会计组织形式不同，会计部门所承担的会计核算内容和工作范围也有所不同。会计核算工作一般可分为集中核算和非集中核算两种组织形式。

（1）集中核算。集中核算是指企业的主要会计核算工作，集中在企业的会计部门来进行，企业内部的各生产车间、工段、各职能部门一般不进行单独核算。在实际发生各项经济业务时，各生产车间、工段及各职能部门只进行原始记录，办理原始凭证手续，并对有关的原始凭证进行适当的汇总。

（2）非集中核算。非集中核算也称分散核算，是指企业的各个生产车间、各职能部门对自身所发生的各项经济业务进行比较全面的会计核算。在这种组织形式下，企业的会计机构需要单独设置，企业一般在总厂（部）设财务处、分厂设财务科、车间设财务组，实行分级核算。

作为会计组织形式，集中核算和非集中核算并非是截然分开的，必须是以提高经济效益，明确经济责任制为前提合理使用。

二、配备会计人员

1. 会计人员应具备的基本条件

（1）从事会计工作的人员，必须持有会计从业资格证书。

（2）会计人员应该熟悉国家有关的法律法规和统一的会计制度。

（3）会计人员必须遵守会计职业道德。会计职业道德包括：

1）爱岗敬业。会计人员应热爱本职工作，忠于职守，尽职尽责，尽心尽力。

2）诚实守信。会计人员要做老实人，说老实话，办老实事，信誉至上，不为利益所诱惑。

3）提高技能。会计人员要努力钻研业务，不断地参加培训学习，使自己的知识和技能，适应所从事会计工作的要求。

4）熟悉法律。会计人员应当熟悉财经法律、法规和国家统一会计制度，并结合会计工作进行广泛宣传。

5）依法办事。会计人员应当按照会计法律、法规、规章以及规定的程序、要求进行会计工作，保证所提供的会计信息合法、真实、准确、及时、完整。

6）客观公正。会计人员办理会计事务应当实事求是、客观公正。

7）强化服务。会计人员应当树立服务意识，提高服务质量，努力维护和提升会计人员良好的社会形象。

8）保守秘密。会计人员应当保守本单位的商业秘密，除法律规定和单位领导同意外，不得私自向外界提供或泄露单位的会计信息。

单位会计机构负责人（或会计主管人员）除应当具备上述基本条件外，还应当具备会计师以上专业技术职务资格或从事会计工作三年以上经历，有较高的政治素质和政策水平、组织领导能力。

2. 会计人员回避制度

为了保证会计执法或执业的公正性，《会计基础工作规范》对会计人员回避问题作出了规定，即国家机关、国有企业、事业单位使用会计人员应当实行回避制度，单位负责人的直系亲属不得担任本单位的会计机构负责人（会计主管人员）；会计机构负责人（会计主管人员）的直系亲属不得在本单位会计机构中担任出纳工作。

3. 会计人员的职责

（1）会计人员应按照国家财务制度规定，认真编制并严格执行财务计划和预算，遵守各项收支制度、费用开支范围和开支标准，合理使用资金，正确计算各项税金并保证及时入库。

（2）按《企业会计准则》的规定，认真进行会计核算，做到手续完备，内容真实，数字准确，账目清楚，日清月结，按期报账。

（3）按银行结算制度的规定，合理使用贷款，加强现金管理，做好贷款的结算工作。

（4）按照经济管理的要求，定期检查，分析财务计划及各项预算的执行情况，挖掘增收节支的潜力，考核企业资金的使用效果，及时发现经营管理中存在的问题，并向单位领导提出建议。

（5）妥善保管会计凭证、账簿及会计报表等档案资料。

（6）遵纪守法，履行岗位职责。

4. 会计人员的工作权限

(1) 有权参与本单位编制计划，制定定额，签订经济合同，参加有关生产、经营管理会议。

(2) 有权要求本单位有关部门、人员认真执行国家批准的计划、预算，遵守国家财经纪律和各项财务会计制度。

(3) 有权监督检查本单位有关部门的财务收支、资金使用和财务保管、收发、计量、检验等工作。

会计人员在工作中为了正确行使自己各项权力，履行自己的职责，既要具备高尚的职业道德，还要有过硬的专业技术本领。

5. 会计人员的工作交接

会计人员的工作交接，是指会计人员因工作调动、因故离职或因病不能工作时，移交人员与接替人员办理交接手续的一种工作程序。

会计人员因工作调动或因故离职，必须将本人所经管的会计工作全部移交给接替人员。具体交接工作：已经受理的经济业务尚未填制会计凭证的，应将会计凭证填制完毕；尚未登记的账目，也应登记完毕，并在最后一笔余额后加盖移交人员印章。对各项资料进行整理未了事项要写出书面材料，编制移交清册，列明各项资料及物品，接替人员要认真按照移交清册逐项核实点收。

会计机构负责人、会计主管人员工作移交时，需要单位负责人监督交接；必要时由上级主管部门派员监督交接。交接时要对全部财务会计工作、重大财务收支问题和会计人员的情况等，向接替人员详细介绍，对遗留问题的移交，应当以书面材料的形式说明。

一般会计人员工作交接要由会计机构负责人或会计主管监督交接。

三、熟悉会计法律法规

会计法律法规是指在调整社会经济生活关系中，与会计相关的法律规范，它是规范会计工作的依据。目前我国会计法律体系包括下列三个方面。

1. 会计法律

会计法律即《中华人民共和国会计法(以下简称《会计法》)》，是由全国人民代表大会及其常委会经过一定的立法程序制定的有关会计工作的法律。它是我国会计法律体系的最高层次，是制定其他会计法律的依据，也是指导会计工作的最高准则，是会计机构、会计工作、会计人员的根本大法。《中华人民共和国会计法》于 1985 年 5 月 1 日颁布实施。

2. 会计法规

会计法规按照制定或批准的机关不同，可分为会计行政法规、地方性会计法规和自治会计法规。其中，会计行政法规由国务院制定发布或者由国务院有关部门拟定，经国务院批准发布。它是会计法律的补充和具体化，在法律效力上仅次于会计法，如《企业财务会计报告条例》、《总会计师条例》、等。地方性会计法规由省、自治区、直辖市人民代表大会及其常务委员会制定并发布。制定的依据是会计法，同时要求和会计行政法规不相抵触。

3. 会计规章

会计规章主要是财政部，根据会计工作中的某方面所制定的规范性文件。国务院其他各部门依据其职责制定的，有关会计工作的规范性文件也属于会计规章，但必须报财政部审核或者备案。会计规章的制定依据是会计法律和会计行政法规。根据调整对象和内容的不同，会计规章可分为会计核算制度、会计监督制度、会计机构和会计人员制度以及会计工作制度。

（1）会计核算制度。会计核算制度主要是指会计核算中，对会计事项确认、计量和报告所做的要求和规定，如《企业会计准则》、《企业会计具体准则》等。

（2）会计监督制度。会计监督制度主要是指对会计工作的监督检查程序及其管理要求所做的规定，如《财政部门实施会计监督办法》、《企业内部会计控制规范》等。

（3）会计机构和会计人员制度。会计机构和会计人员制度主要是对会计机构和会计人员管理要求所做的规定，如《会计从业资格管理办法》等。

（4）会计工作制度。会计工作制度主要是就会计工作的基础管理和基本要求所做的规定，如《会计基础工作规范》、《会计档案管理办法》等。

四、建立会计档案

1. 会计档案的范围

（1）会计凭证，包括原始凭证和记账凭证等。

（2）会计账簿，包括总账、明细账、现金和银行存款日记账、其他会计账簿。

（3）财务会计报告，包括月度、季度、年度财务报告，会计报表、附表、附注及文字说明，其他财务报告。

（4）其他会计资料，包括经济合同或协议、银行对账单、年(季)度的各项收支、收益分配等资料，以及会计人员交接清单、会计档案销毁清单和其他重要会计核算资料。会计档案如图 1-4 和图 1-5 所示。

会计档案(凭证)

立档单位:		凭证名称:	
启用日期:	年　月　日至	年　月　日	
册　　数:	本月共:　　册	本盒是第　册	
凭证张数:	自　　页至　　页	保管期限:	
财务主管:		经办会计:	
全宗号	类别号	目录号	案卷号

图 1-4　会计档案（凭证）

图 1-5　会计档案

2. 会计档案的收集整理

企业会计人员应定期对会计凭证进行分类整理，将各种记账凭证按照编号顺序，连同所附的原始凭证，装订成册，根据本期业务量的多少，装订成一本或几本。每本凭证要填写凭证封面，按时间顺序排列存放。年度终了，将已更换的各种活页账簿、卡片账簿以及必要的备查账簿，连同账簿使用登记表装订成册，加具封面，统一编号，由有关人员签章后与订本账簿一起归档保管。会计报表应在年终时，由专人统一收集，将全年财务会计报告按时间顺序整理装订成册，加具封面，经会计机构负责人审核、盖章后装订立卷并归档。封面上应注明：单位名称、地址、报表所属期间、报出日期，并由单位负责人、会计机构负责人（会计主管人员）签名并加盖公章。其他财务资料的立卷可视资料的多少而定，资料多的，可将其分类立卷；资料少的，也可归为一卷，编好目录。

每个企业单位都要加强对会计档案的管理，当年会计档案归档立卷以后，可以暂由会计部门保管，期限不超过一年。然后移交档案管理部门，实行统一管理、专人负责。

3. 会计档案保管与使用

各单位对会计档案应当科学管理，做到妥善保管，存放有序，查找方便，严格执行安全和保密制度。会计档案保管要做到“六防”，即防止阳光直接照射、防止水涝浸泡、防止火患破坏、防菌、防虫鼠害，即防止由于这些外因使档案毁损、霉变。

会计档案不得借出，若有特殊需要，经单位负责人批准，可以提供查阅或者复制，并办理登记手续。档案室应当设置“会计档案查阅(复制)登记簿”，及时登记查阅人或复制人的姓名、工作单位、查阅日期、查阅内容等。查阅或复制会计档案的人员，严禁在会计档案上涂画、拆封等。

4. 会计档案的保管期限

会计档案保管期限分为定期保管和永久保管两种。定期保管的会计档案，保管期满，依据有关规定，按照一定程序可以销毁；永久保管的会计档案应当永远保存不得销毁。各类会计档案保管期限见表1-2。

表1-2　会计档案保管期限表

序号	档案名称	保管期限	备　　注
一	会计凭证类		
1	原始凭证	15年	
2	记账凭证	15年	
3	汇总凭证	15年	
二	会计账簿类		
4	总账	15年	包括日记总账
5	明细账	15年	
6	日记账	15年	现金和银行存款日记账保管25年
7	固定资产卡片		固定资产投资清理后保管5年
8	辅助账簿	15年	
三	财务报告类		包括各级主管部门汇总财务报告
9	月、季度财务报告	3年	包括文字分析
10	年度财务报告（决算）	永久	包括文字分析
四	其他类		
11	会计移交清册	15年	
12	会计档案保管清册	永久	
13	会计档案销毁清册	永久	
14	银行余额调节表	5年	
15	银行对账单	5年	

5. 会计档案的销毁

会计档案保管期满需要销毁的，应严格执行《会计档案管理办法》的规定，依据一定程序，办理相关手续进行销毁，任何人不得随意销毁，具体程序如下：

(1) 单位档案管理部门提出销毁意见，会同财务会计部门共同鉴定和审查，编制会计档案销毁清册，列明销毁会计档案的名称、卷号、册数、起止年度和档案编号、应保管期限、已保管期限、销毁时间等内容。

(2) 单位负责人在会计档案销毁清册上签署意见。

(3) 对于保管期满，但尚未结清的债权债务的原始凭证和涉及其他未了事项的原始凭证，如超出保管期限的契约、合同等不得销毁，应当单独抽出立卷，保管到未了事项完结时为止。单位抽出立卷的会计档案，应当在会计档案销毁清册和会计档案保管清册中列明。

(4) 销毁会计档案时，应当由档案管理部门和会计机构共同派员监销。监销人在销毁会计档案前，应当按照会计档案销毁清册所列内容清点核对所要销毁的会计档案。销毁后，应当在会计档案销毁清册上签名盖章，并将销毁情况报告本单位负责人。

单元小结

★ 会计工作组织应该包括：会计机构的设置、会计人员的配备、会计法规的制定与执行、会计档案的保管。

★ 会计机构内容包括：会计机构的设置、会计工作的组织形式、会计机构岗位责任制。要根据企业规模大小、业务繁简设置会计机构，确定会计核算的组织形式，划分会计岗位，制定岗位责任制。

★ 配备的会计人员要具备任职资格，遵守会计人员职业道德，了解职责权限。

★ 会计法律法规体系：会计法律；会计法规；会计规章。在三个层次中，《中华人民共和国会计法》是会计管理和会计工作的根本大法，是我国最高层次的会计法律；会计法规和会计规章应以《中华人民共和国会计法》为依据。

★ 会计档案是国家档案的重要组成部分，各单位的会计人员要按照国家和上级关于会计档案管理办法的规定和要求，对本单位的各种会计凭证、会计账簿、会计报表、财务计划、单位预算和重要的经济合同等会计资料，定期收集，审查核对，整理立卷，编制目录，装订成册，并由专门的档案管理部门或专人保管，按照《会计档案管理办法》的规定保管年限期满的会计档案，可办理相关手续后销毁。

模块二

会计要素和会计等式

学习目标

1. 知识目标：掌握会计要素的含义、特征、具体分类项目的名称，理解会计要素之间的关系。

2. 能力目标：能根据企业经济业务所涉及的项目，确认其归属的会计要素。

3. 素质目标：正确理解没有资金的来源就没有资金占用。

第一单元 会计要素

单元情景

张月明放学回家向父亲汇报了这几天的学习情况，父亲听了很高兴。于是父女俩愉快地交流起来。父亲说："以前和你王叔叔、李叔叔开办的木器厂，我出资32.5万元、王叔叔出资40万元、李叔叔出资60万元，从银行借款30万元，用这162.5万元购买了机器设备、木材，还支付了水费、电费等，现在生产的第一批产品卖出去了，全部货款5万元已经存入银行"这些业务与资金运动有密切的关系，但是，月明觉得很乱，怎样才能条理清晰呢？企业经济业务所涉及的项目，应当先确认其归属的会计要素。

知识储备

一、会计要素的含义

资金运动是从企业经济业务角度对会计对象进行的表述。经济业务发生以后，进行会计核算，必须、要说明资金形态具体项目的变化。例如，用货币资金购买材料物资，就要说明货币资金减少、原材料增加；生产领用材料要说明原材料减少、生产成本增加等。这些具体项目的增减变化，也就是会计要素的变化。会计要素是会计对象的具体化，也就是将资金运动进行分类的具体项目。企业会计要素包括资产、负债、所有者权益、收入、费用和利润六项内容，是会计报表项目的基本框架，也是进行会计确认和计量的依据。

二、资产

1. 资产的含义

资产是指企业过去的交易或事项形成的、由企业拥有或控制的、预期会给企业带来经济利益的资源。

企业从事生产经营活动，必须具备一定的物质资源，如货币资金、原材料、厂房、机器设备等。它们是企业从事生产经营活动的物质基础。除了上述的货币资金、实物资产以外，资产还包括那些不具备物质形态，但有助于企业生产经营活动的专利权、商标权、版权等无形资产。

确认资产时，除了符合资产的定义外，还应同时满足以下两个条件：与该资产有关的经济利益很可能流入企业；该资源的成本或价值能够可靠地计量。

2. 资产的特征

（1）资产是过去的交易或事项形成的。这就是说，企业的资产必须是现实的而不是预期的资产，它是企业过去已经发生的交易或事项所产生的结果，包括购置、生产、建造等行为或其他交易或事项。预期在未来发生的交易或事项不形成资产，如计划购入的机器设备等就不属于资产。

（2）资产是由企业拥有或控制的。企业拥有资产，就能获得经济利益；有些资产虽然不为企业所拥有，不享有所有权，但能够被企业所控制，而且同样能够从这些资产中获取经济利益，也可以作为企业的资产，如融资租入的固定资产。

（3）资产预期能够给企业带来经济利益。也就是说，有直接或间接导致现金和现金等价物流入企业的潜力。例如，已报废的机器设备，不能够给企业带来经济利益的流入，期末不能列为资产项目。

3. 资产的分类

资产按其流动性，可以分为流动资产和非流动资产，如图 2-1 所示。

流动资产是指在一年或超过一年的一个营业周期内变现或耗用的资产，主要有货币资金、应收及预付款项、存货等。有些企业经营活动比较特殊，如：造船、大型机械制造，从购料到销售商品直到收回货款，周期比较长，往往超过一年。在这种情况下，就不能把一年作为划分流动资产的标志，而是将经营周期作为划分流动资产的标志。

长期投资、固定资产、无形资产的变现周期往往在一年以上，称为非流动资产。按流动性对资产进行分类，有助于掌握企业资产的变现能力，从而进一步分析企业的偿债能力和支付能力。

三、负债

1. 负债的含义

负债也就是企业的债务，是指过去的交易或事项形成的，预期会导致经济利益流出企业的现时义务。

确认负债时，除了符合负债的定义外，还应同时满足以下两个条件：与该义务有关的经济利益很可能流出企业；未来流出企业的经济利益金额能够可靠地计量。

2. 负债的特征

（1）负债是由于过去的交易或事项形成的现时的义务。潜在的义务，或预期在未来要发生的交易或事项可能产生的债务不能确认为负债。

（2）负债是企业要履行的现时义务。

（3）偿还债务经济利益很可能流出企业。企业偿还债务时，一般要支付现金或提供劳务或转让其他资产等。同时，未来流出的经济利益的金额能够可靠地计量。

3. 负债的分类

负债按偿还期限的不同，分为流动负债和非流动负债，如图 2-2 所示。

预期在一年或超过一年的一个经营周期内到期清偿的债务属于流动负债。例如，短期借款、应付及预收款、应缴税费、应付职工薪酬等。偿还期限超过一年或超过一个营业周期的负债，即为非流动负债，如长期借款、长期应付款等。

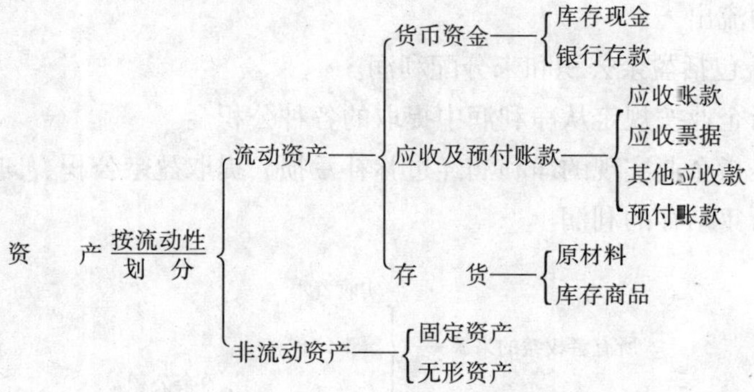

图 2-1　资产的分类

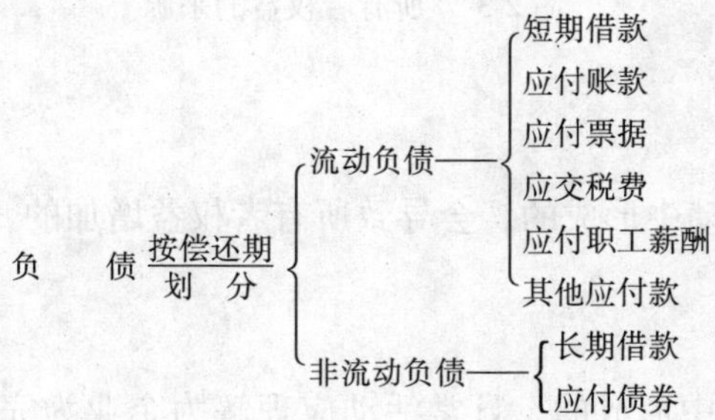

图 2-2　负债的分类

四、所有者权益

1. 所有者权益的含义

所有者权益又称股东权益，是指企业的资产扣除负债后由所有者享有的剩余权益，即净资产。

2. 所有者权益的特征

（1）不需要偿还，除非企业发生清算、减资，企业不需要偿还投资者。

（2）企业清算时，负债往往优先清偿，即企业的剩余财产清偿所有的负债之后才能返还给所有者。

（3）所有者权益能够分享利润，而负债则不能参与利润分配。

3. 所有者权益的来源

所有者权益的来源包括所有者投入的资本、直接计入所有者权益的利得和损失、留存收益等，如图 2-3 所示。

（1）所有者投入的资本即实收资本，是指投资者按照企业章程或合同、协议的约定，实际投入企业的资本金。投资者投资时，既可以用现金投资，也可以用实物投资，还可以用无形资产投资。但是，必须符合国家法律法规的有关规定。

（2）直接计入所有者权益的利得和损失是指不应当计入当期损益，会导致所有者权益发生增减变动的，与所有者分配利润无关的利得或损失。

利得是指由企业非日常活动所形成的，会导致所有者权益增加的，与所有者投入资本无关的经济利益的流入。

损失是指由企业非日常活动所形成的，会导致所有者权益减少的，与向所有者分配利润无关的经济利益的流出。

（3）留存收益包括盈余公积和未分配利润。

盈余公积是指企业按规定从净利润中提取的各种公积金。

未分配利润是指企业实现的净利润经过弥补亏损、提取盈余公积、向投资者分配利润后留存在企业的，历年结存的利润。

所有者权益的来源——
- 实收资本
- 资本公积
- 留存收益——
  - 盈余公积
  - 未分配利润

图 2-3　所有者权益的来源

五、收入

1. 收入的含义

收入是企业在日常活动中形成的，会导致所有者权益增加的，与所有者投入资本无关的经济利益的总流入。

2. 收入的特征

（1）收入是日常活动中形成的。日常活动应理解为企业为完成其经营目标所从事的经常性活动以及与之相关的活动。例如，销售商品，提供劳务，出租、出售包装物，对外投资（收取利息、现金股利）等日常活动。收入不是偶然所得。例如，企业处置固定资产的收入、取得的罚没收入等，虽然也能给企业带来经济利益，但是不属于企业日常活动，不属于收入的范畴。

（2）收入的取得会导致经济利益的流入。经济利益的流入可以表现为资产的增加，如增加货币资金、应收账款等和负债的减少（如用存货或劳务抵偿债务）还可以两者兼而有之。

（3）收入只包括本企业的经济利益的流入，不包括为第三方代收的款项，如增值税等。

（4）收入会导致所有者权益的增加。

3. 收入的来源

收入的来源按其性质可分为销售商品、提供劳务、让渡资产使用权取得的收入，如图 2-4所示。

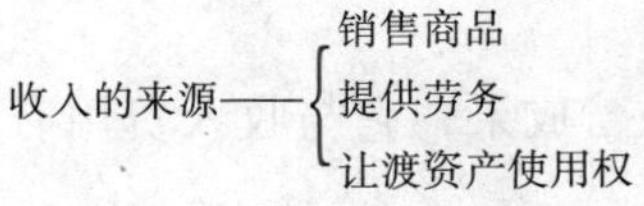

图 2-4　收入的来源

六、费用

1. 费用的含义

费用是指企业在日常活动中发生的，会导致所有者权益减少的，与向所有者分配利润无关的经济利益的总流出。

2. 费用的特征

（1）费用是日常活动中发生的。偶然发生的支出，例如支付违约金，虽然也会使经济利益流出企业，但是不属于企业日常活动中发生的，不属于费用的范畴。

（2）费用的发生会导致企业经济利益流出，而且经济利益流出的金额能够可靠地计量。经济利益的流出可以表现为资产的减少，或表现为负债的增加，还可以两者兼而有之。

（3）费用会使企业的所有者权益减少。

3. 费用的构成

费用按是否计入成本分为两类，即生产成本(劳务成本)和期间费用。

（1）计入产品成本或劳务成本的费用。计入产品成本或劳务成本的费用主要包括：直接材料费用、直接人工费用、制造费用。其中，制造费用是企业生产部门为生产产品和提供劳务而发生的各项间接生产费用。

（2）期间费用。期间费用是指不能直接归属于某个特定产品成本的费用。它是随着时间推移而发生的与当期产品的管理和产品销售直接相关，而与产品的产量、产品的制造过程无直接关系，即容易确定其发生的期间，而难以判别其所应归属的产品，因而是不能列入产品制造成本，而在发生的当期从损益中扣除。期间费用包括直接从企业的当期产品销售收入中扣除的销售费用、管理费用和财务费用。销售费用是指企业在销售产品、提供劳务等过程中发生的费用。管理费用是指企业在组织和管理生产活动过程中发生的费用。财务费用是指企业在生产经营过程中为筹集资金而发生的各项费用。费用的构成如图 2-5 所示。

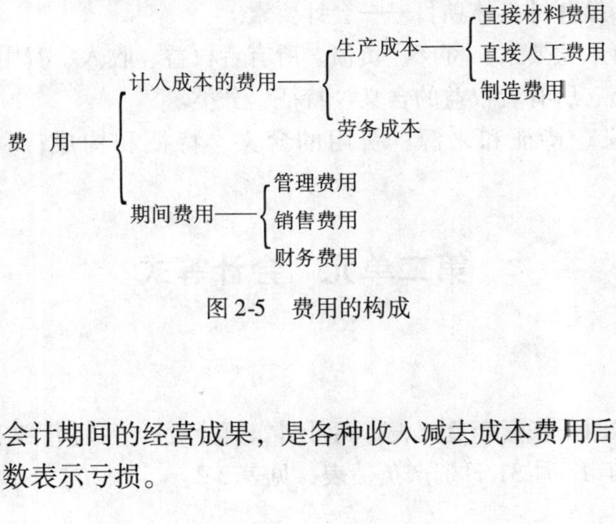

图 2-5　费用的构成

七、利润

1. 利润的含义

利润是企业一定会计期间的经营成果，是各种收入减去成本费用后的余额。余额是正数表示利润，余额是负数表示亏损。

2. 利润的特征

（1）利润表示企业最终的经营成果，它与收入费用有着密切的关系，企业应该在取得收入的时候，尽可能地降低费用。

（2）利润可导致所有者权益增加；亏损导致所有者权益减少。

3. 利润的构成

利润包括收入减去费用后的净额、直接计入当期利润的利得和损失等。

直接计入当期利润的利得和损失，是指应当计入当期损益，会导致所有者权益发生增减变动的，与所有者投入资本或向所有者分配利润无关的利得和损失。具体表现为营业外收入和营业外支出。它们是指与企业正常生产经营活动没有直接关系的收入和支出。例如，企业支付或收到的违约金、罚没损失等。

利润的具体构成可以用公式表示如下：

营业利润 = 营业收入 − 营业成本 − 营业税金及附加 −
销售费用 − 管理费用 − 财务费用 + 投资收益

利润总额 = 营业利润 + 营业外收支净额

营业外收支净额 = 营业外收入 − 营业外支出

净利润 = 利润总额 − 所得税费用

总结六大会计要素之间的关系见表 2-1。

表 2-1　会计要素之间的关系

资产 = 负债 + 所有者权益	收入 − 费用 = 利润
资金运动的静态表现	资金运动的动态表现
反映资产的来源与归属（反映企业财务状况）	说明收入和费用情况与经营成果
编制资产负债表的依据	编制利润表的依据

单元小结

★ 会计核算与监督的具体项目——会计要素。

★ 会计要素有六大要素：资产、负债、所有者权益、收入、费用、利润。

★ 资产、负债、所有者权益的含义、特征、分类。

★ 收入的含义、特征和来源；费用的含义、特征和构成；利润的含义、特征和构成。

第二单元　会计等式

单元情景

张月明的父亲拿回一张资产负债表，问月明如何分析资产负债表？

风帆公司 2012 年 12 月 31 日资产负债表，见表 2-2。

表 2-2　资产负债表　　　　单位：元

资　产		负债及所有者权益	
项　目	金　额	项　目	金　额
货币资金	300 000	短期借款	200 000
应收账款	200 000	应付账款	60 000
存　货	240 000	应交税费	15 000
固定资产	860 000	实收资本	1 325 000
合　计	1 600 000	合　计	1 600 000

知识储备

一、资产＝负债＋所有者权益

1. 资产负债表

资产负债表是反映企业某一特定日期财务状况的会计报表。这张会计报表反映了两方面问题：一方面反映了风帆公司，12 月 31 日这个时点上拥有资产 160 万元，同时报表左边项目也表明了，这些资产存在的形态；另一方面说明资产来源于投资者投入 132.5 万元，企业负债 27.5 万元。同时，这张会计报表也说明了一种永恒的平衡关系。

企业开展生产经营活动必须要拥有一定数额的资产。例如表中的货币资金、应收账款、存货、固定资产等。这些资产的取得和形成渠道不外乎两种：一是投资者投入；二是企业借入资金即负债。企业筹集的资金投入运营以后，投资者要对投入的资金视投资额的多少和所担风险大小，等比例地获得投资收益，这就是投资者对企业资产的要求权，即所有者权益。债权人有要求企业偿还债务的权利，这就是债权人对企业资产的要求权，即债权人权益。这种对企业资产的要求权或索偿权，在会计上总称为“权益”。因此，静止在某一时点从金额上可以得出如下结论；

资产＝权益

或

资产＝负债＋所有者权益　　　　(2-1)

该等式，会计上称为会计基本等式，也称静态恒等式，反映了资产的归属关系。即有资金占用必然有资金来源。它是资金平衡的理论依据，也是设置账户、复式记账和编制资产负债表的理论依据。

2. 经济业务发生对会计等式的影响

企业在持续经营过程中，发生的经济业务虽然多种多样，会引起各个会计要素金额上增减变化，这些变化对会计要素的影响，不外乎以下四种类型，但是不论哪种情况都不会破坏会计等式的平衡关系。以风帆公司 2012 年 1 月份的几项经济业务为例进行说明。

(1) 资金进入企业时资产和权益等额增加，即资产增加的同时权益增加，会计等式保持平衡。

【例 2-1】风帆公司 2012 年 1 月 5 日，从银行取得贷款 20 万元，存入银行。

这项经济业务对会计要素的影响是资产(银行存款)增加 20 万元，同时企业负债(短期借款)增加 20 万元。对会计恒等式的影响是：

资产(160 万元 + 20 万元) = 负债(27.5 万元 + 20 万元) + 所有者权益(132.5 万元)

编制 1 月 5 日的资产负债表见表 2-3。

表 2-3　1 月 5 日资产负债表

资　　产		负债和所有者权益	
项　　目	金　　额	项　　目	金　　额
货币资金	300 000 + 200 000 = 500 000	短期借款	200 000 + 200 000 = 400 000
应收账款	200 000	应付账款	60 000
存　　货	240 000	应缴税费	15 000
固定资产	860 000	实收资本	1 325 000
合　　计	1 800 000	合　　计	1 800 000

(2) 资金退出企业时资产和权益等额减少，即资产减少的同时权益减少，会计等式保持平衡。

【例 2-2】风帆公司 2012 年 1 月 13 日，用银行存款偿还应付货款 5 万元。

这项经济业务对会计要素的影响是资产(银行存款)减少 5 万元，同时企业负债(应付账款)减少 5 万元。该经济业务对会计等式的影响是：

资产(180 万元 - 5 万元) = 负债(47.5 万元 - 5 万元) + 所有者权益(132.5 万元)

编制 1 月 13 日的资产负债表见表 2-4。

表 2-4　1 月 13 日资产负债表

资　　产		负债和所有者权益	
项　　目	金　　额	项　　目	金　　额
货币资金	500 000 - 50 000 = 450 000	短期借款	400 000
应收账款	200 000	应付账款	60 000 - 50 000 = 10 000
存　　货	240 000	应缴税费	15 000
固定资产	860 000	实收资本	1 325 000
合　　计	1 750 000	合　　计	1 750 000

(3) 资产形态变化后一种资产项目增加，另一种资产项目等额减少，会计等式保持平衡。

【例 2-3】风帆公司 2012 年 1 月 20 日，用银行存款购买材料一批价值 8 万元，材料验收入库。

这项经济业务对会计要素的影响是企业的一种资产(银行存款)减少 8 万元的同时，企业的另一项资产(原材料)增加 8 万元，资产总额不变，权益总额也不改变。

编制 1 月 20 日的资产负债表见表 2-5。

表 2-5　1 月 20 日资产负债表

资　产		负债和所有者权益	
项　目	金　额	项　目	金　额
货币资金	450 000 - 80 000 = 370 000	短期借款	400 000
应收账款	200 000	应付账款	10 000
存　货	240 000 + 80 000 = 320 000	应缴税费	15 000
固定资产	860 000	实收资本	1 325 000
合　计	1 750 000	合　计	1 750 000

（4）权益类项目之间的转化，一种权益项目增加，另一种权益项目等额减少。即负债内部项目之间、所有着权益内部项目之间，或者负债项目与所有者权益项目之间此增彼减，会计等式保持平衡。

【例 2-4】2012 年 1 月 28 日，投资人张峰代风帆公司偿还短期借款 20 万元，该款作为对风帆公司追加的投资。

这项经济业务对会计要素的影响是企业一种负债（短期借款）减少 20 万元的同时，权益项目（实收资本）增加 20 万元，权益总额不变。资产总额也不改变。

编制 1 月 20 日的资产负债表见表 2-6。

表 2-6　1 月 28 日资产负债表

资　产		负债和所有者权益	
项　目	金　额	项　目	金　额
货币资金	370 000	短期借款	400 000 - 200 000 = 200 000
应收账款	200 000	应付账款	10 000
存　货	320 000	应缴税费	15 000
固定资产	860 000	实收资本	1 325 000 + 200 000 = 1 525 000
合　计	1 750 000	合　计	1 750 000

上述四项经济业务所引起的资产和权益的变化可归纳如下，如图 2-6 所示。

（1）资产和权益同时增加。

（2）资产和权益同时减少。

（3）资产内部项目此增彼减。

（4）权益内部项目此增彼减。

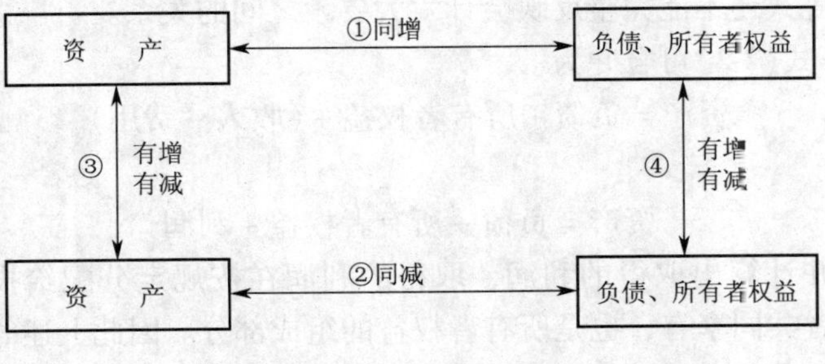

图 2-6　资产和权益变化图

二、收入－费用＝利润

随着企业生产经营活动的进行，企业取得了收入，同时为取得收入发生了物质耗费。一定时期形成的收入扣除费用就是企业的利润或亏损。即：

$$收入－费用＝利润 \quad (2\text{-}2)$$

该等式称为会计第二恒等式或动态恒等式。它是编制利润表的依据。

仍然以风帆公司的业务为例说明会计等式。

【例2-5】假定风帆公司2012年1月份，用货币10万元购入商品一批，截止月末商品全部销售后收入货币18万元，经营过程中用货币支付销售费用3万元。未发生其他与收入费用有关的经济业务。经济业务对会计要素的影响可以表述为

18万元(收入)－10万元(采购成本)－3万元(销售费用)＝5万元(利润)

因此，月末企业的货币资产为37万＋5万＝42万元，其他资产项目没有变化，资产总额为180万元；负债项目没有变化；所有者权益发生了改变，即：152.5万(实收资本)＋5万(利润)＝157.5万。公式表述如下：

180万元(资产)＝22.5万元(负债)＋152.5万元(所有者权益)＋18万元(收入)－13万元(费用)

静止在1月31日得到新的资产、负债、所有者权益如下：

180万元(资产)＝22.5万元(负债)＋157.5万元(所有者权益)

编制1月31日的资产负债表见表2-7。

表2-7　1月31日资产负债表

资产		负债和所有者权益	
项　目	金　额	项　目	金　额
货币资金	370 000＋50 000＝420 000	短期借款	200 000
应收账款	200 000	应付账款	10 000
存　货	320 000	应缴税费	15 000
固定资产	860 000	实收资本	1 525 000
		本年利润	50 000
合　计	1 800 000	合　计	1 800 000

三、(资产＝负债＋所有者权益)与(收入－费用＝利润)之间的关系

等式(2-1)反映的是企业某一时点的全部资产及其相应的来源情况，是反映资金运动的静态公式。等式(2-2)反映的是某企业某一时期的盈利或亏损情况，是反映资金运动的动态公式但仅从这两个等式还不能完整反映会计六大要素之间的关系。

等式(2-1)与等式(2-2)可合并为

$$资产＝负债＋所有者权益＋(收入－费用) \quad (2\text{-}3)$$

或

$$资产＝负债＋所有者权益＋利润$$

企业定期结算并计算出取得的利润，取得的利润在按规定分配给投资者(股东)之后，余下的部分归投资者共同享有，也是所有者权益的组成部分。因此上述等式又回到：资产＝负债＋所有者权益。由此可见，等式(2-1)是会计的基本等式，通常称之为基本会计等式或

会计恒等式。

等式(2-2)和等式(2-3)虽不是基本会计等式，但等式(2-2)是对基本会计等式的补充。

等式(2-3)是基本会计等式的发展，它将财务状况要素（即资产、负债和所有者权益）和经营成果要素（即收入、费用和利润）有机结合，完整地反映了企业财务状况和经营成果的内在联系。

单元小结

★ 会计等式也称会计恒等式，分为静态会计等式和动态会计等式。

★ 静态会计等式是指：资产 = 权益或资产 = 负债 + 所有者权益。
静态会计等式反映资产的来源与归属，反映企业某一特定时点的财务状况。

★ 动态会计等式是指：收入 − 费用 = 利润。
动态会计等式揭示了企业在某一特定期间内的经营成果。

★ 经济业务的发生必然会引起会计要素相应的增减变化。但不论发生何种经济业务，会计要素怎样变化，都不会破坏会计等式的平衡关系。
按照经济业务对会计等式的不同影响，可以将经济业务分为四种基本类型：资产和权益同时增加；资产和权益同时减少；资产内部项目此增彼减；权益内部项目此增彼减。

★ 会计等式是资金平衡的理论依据，也是设置账户、复式记账和编制资产负债表的理论依据。

模块三
开展会计工作

学习目标

1. 知识目标：掌握会计科目、账户的含义；了解会计科目与账户的联系和区别；理解设置会计科目的意义；掌握会计科目的分类；理解会计账户与会计账簿的关系；掌握借贷记账法下的账户分类、账户结构、借贷记账法的记账规则、会计分录、账户对应关系；掌握平行登记的要点；掌握试算平衡的依据、作用、试算平衡表的编制方法；掌握会计核算的基本程序。

2. 能力目标：会开设账户并登记期初余额；经济业务发生以后会编制会计分录；根据会计分录能登记账户；月末结出账户本期发生额和期末余额；会编制试算平衡表。

3. 素质目标：增强提高专业技能的意识。

第一单元　会计科目与账户

单元情景

张月明学习了会计要素，知道了会计要素有六大项，每一大项又分若干小项目，那么这些小项目叫什么呢？每发生一项经济业务是不是都要编制资产负债表，说明哪个项目增加，哪个项目减少？这样做是不是太繁琐了……带着这些疑问月明去问老师。

知识储备

一、会计科目

1. 会计科目的含义

会计科目是对会计要素内容进行具体分类的项目名称。当企业发生经济业务时，不能简单地说资产、负债、所有者权益、收入、费用、利润这六大要素的增减变化。正如例［2-1］风帆公司于2012年1月3日，从银行取得贷款20万元，存入银行。资产增加20万元的同时负债增加20万元。这样说明经济业务太粗糙，满足不了经济管理的需要，必须说明资产具体项目银行存款增加20万元，同时负债具体项目短期借款增加20万元。银行存款、短期借款等这些项目统称为会计科目。

2. 设置会计科目的原则

会计科目是进行各项会计记录和提供各项会计信息的基础，设置会计科目是复式记账、编制会计凭证、登记账簿的基础。设置会计科目可以提供全面、统一的会计信息，便于投资人、债权人以及其他会计信息使用者掌握和分析企业的财务情况、经营成果和现金流量，满足管理的需要。因此，设置会计科目应努力做到科学、合理、实用，并应遵循下列基本原则。

（1）合法性原则。为了保证会计信息的可比性，设置会计科目应当符合《企业会计准则》的规定，就是要求使用统一的会计科目。

（2）相关性原则。设置会计科目，所提供的会计信息要满足对外报告、对内管理的要求。

（3）实用性原则。企业的组织形式、所处行业、经营内容、业务种类等不同，在会计科目设置上也有所区别。在合法性的基础上，要根据企业自身的特点，可在统一规定的会计科目的基础上增设或合并，设置符合管理需要的会计科目。

3. 会计科目的分类

（1）会计科目按会计要素内容分类。会计科目按会计要素内容可以分五大类：资产类科目、负债类科目、所有者权益类科目、成本类科目（从资产分离出来专门计算生产成本的科目）、损益类科目（收入和费用两类科目）。会计科目表见表3-1。

表3-1　会计科目表

序号	编号	会计科目名称	序号	编号	会计科目名称	序号	编号	会计科目名称
一、资产类			二、负债类			四、成本类		
1	1001	库存现金	20	2001	短期借款	37	5001	生产成本
2	1002	银行存款	21	2201	应付票据	38	5101	制造费用
3	1012	其他货币资金	22	2202	应付账款	五、损益类		
4	1121	应收票据	23	2203	预收账款	39	6001	主营业务收入
5	1122	应收账款	24	2211	应付职工薪酬	40	6051	其他业务收入
6	1123	预付账款	25	2221	应交税费	41	6111	投资收益
7	1131	应收股利	26	2231	应付利息	42	6301	营业外收入
8	1132	应收利息	27	2232	应付股利	43	6401	主营业务成本
9	1221	其他应收款	28	2241	其他应付款	44	6402	其他业务成本
10	1231	坏账准备	29	2501	长期借款	45	6403	营业税金及附加
11	1402	在途物资	30	2502	应付债券	46	6601	销售费用
12	1403	原材料	31	2701	长期应付款	47	6602	管理费用
13	1405	库存商品	三、所有者权益			48	6603	财务费用
15	1601	固定资产	32	4001	实收资本	49	6701	资产减值损失
16	1602	累计折旧	33	4002	资本公积	50	6711	营业外支出
17	1701	无形资产	34	4101	盈余公积	51	6801	所得税费用
18	1702	累计摊销	35	4103	本年利润	52	6901	以前年度损益调整
19	1901	待处理财产损溢	36	4104	利润分配			

（2）会计科目按反映经济业务内容的详细程度分类。

1）总账科目。总账科目即一级科目，也称总分类科目，是对会计要素的具体内容进行总括分类的会计科目，是进行总分类核算的依据。为了满足会计信息使用者对信息质量的要求，总账科目由国家统一规定。

2）明细科目。明细科目也称为明细分类科目，又分子目和细目，是对总账科目所反映的经济内容进行详细具体分类的会计科目，以便提供更详细、更具体的会计信息。明细科目的设置，可以根据管理的需要，由企业自行设置。有时还可以在总账科目和明细科目之间设置二级或多级科目(二级科目称为子目,三级及以下科目称为细目)。例如在“原材料”科目下，按材料类别开设“原料及主要材料”、“辅助材料”、“燃料”等二级科目，见表3-2。

表3-2 “原材料”总账科目和明细科目

总账科目（一级科目）	明细科目	
	二级科目（子目）	三级科目（细目）
原材料	原料及主要材料	棉花、棉纱
	辅助材料	润滑油、染料
	燃 料	石油液化气、原煤

二 、会计账户

1. 会计账户的含义

会计账户简称账户，是根据会计科目设置的，具有一定的格式和结构，用来分类、连续地记录经济业务，反映会计要素增减变动及其结果的一种载体。设置账户是会计核算的一种专门方法。通过设置账户，可以记录经济业务的发生情况，全面、连续、系统地对会计要素的变化进行核算，为经济管理提供所需要的各项指标。

会计科目与账户是两个不同的概念。它们既有联系，又有区别。会计科目是设置会计账户的依据，是账户的名称，账户是会计科目的具体运用。会计科目所反映的经济内容，就是会计账户所要登记的内容。会计科目只是对会计要素具体内容进行的分类，本身没有格式和结构，账户则有相应的格式和结构。日常工作中会计科目与会计账户是同义语。基于这个原因，账户分类的方法与会计科目分类的方法相同。

2. 账户的结构

账户是用来分类、连续记录经济业务的，因此要有一定的格式和结构。实际工作中，账户要依附于账簿开设，每一个账户只表现为账簿中的某张或某些账页，账户格式的设计一般包括以下内容：账户名称、日期和摘要、凭证编号、增加和减少金额、余额。账户的基本栏目说明见表3-3。把这些内容放置在账簿上，就是我们见到的账页，如图3-1所示。账簿有关内容将在后续课程中讲述。

虽然经济业务错综复杂，但是每项经济业务，引起资金运动的结果，从数量上分析不外乎增加与减少。因此，账户的基本结构应该是左右两方：一方登记增加，一方登记减少。在教学过程中通常使用“T”表示账户，而略掉其他项目内容，如图3-2所示。至于账户左方叫什么名称，右方叫什么名称，哪一方记增加，哪一方记减少，取决于记账方法和账户性质。但是不论哪种记账方法、何种性质的账户，它提供的指标都是一样的，都包括期初余额、本期增加额、本期减少额、期末余额(期初余额、期末余额统称为余额;本期增加额、本期减少额统称为发生额)。它们的关系用公式表示如下：

期初余额＋本期增加额－本期减少额＝期末余额

表 3-3　账户的基本栏目

基本栏目	栏目说明
账户名称	会计科目
日期栏	用以说明记录经济业务的日期(年、月、日)
凭证编号栏	表明记录经济业务的记账凭证编号
摘要栏	经济业务内容的简要说明
借方、贷方金额栏	表明经济业务增减变动情况
借或贷方向栏	用以说明经济业务增减变动后的结果方向
余额栏	表明经济业务增减变动后的结果

账户名称：（会计科目）

年		记账凭证		摘要	借方										贷方										借或贷	余额									
月	日	字	号		千	百	十	万	千	百	十	元	角	分	千	百	十	万	千	百	十	元	角	分		千	百	十	万	千	百	十	元	角	分

图 3-1　总分类账户

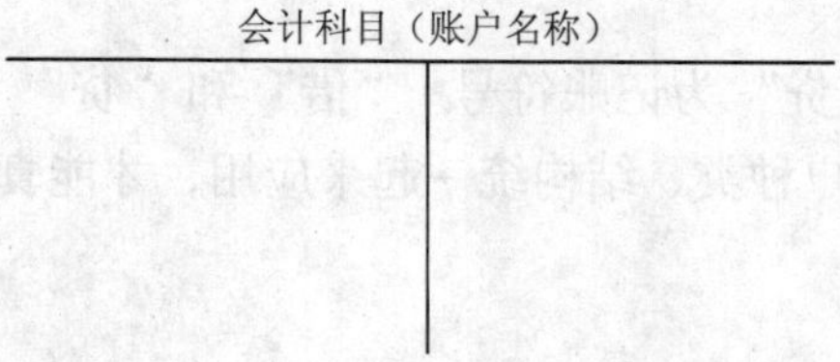

图 3-2　会计 T 形账户

单元小结

★　会计科目就是按照经济业务的内容和经济管理的要求，对会计要素所作的分类。

★　会计科目按会计要素内容分类分五大类：资产类科目、负债类科目、所有者权益类科目、成本类科目、损益类科目。

★　会计科目按反映经济业务内容的详细程度分类分为总账科目和明细科目。

★　会计科目的设置应当遵循合法性、相关性、实用性的原则。

★　会计账户是根据会计科目设置的，具有一定的格式和结构，用来分类、连续地记录经济业务，反映会计要素增减变动及其结果的一种载体。

★　账户的基本结构是左右两方。提供的金额指标主要包括期初余额、本期增加额、本期减少额和期末余额。

第二单元　借贷记账法

单元情景

假如企业用银行存款购买原材料一批，价值 5 000 元，材料验收入库，货款通过银行转账支付。这笔经济业务发生以后，应如何在账户中进行记录呢？

知识储备

一、复式记账

复式记账是以“资产 = 权益”这种平衡关系为记账基础，要求经济业务发生以后，对每一笔经济业务，都要以相等的金额，在两个或两个以上相互联系的账户中进行记录。例如“用银行存款 10 000 元购买原材料”这笔经济业务在记账时，不仅要在“银行存款”账户登记减少 10 000 元，同时还要在“原材料”账户记录增加 10 000 元。再如“生产产品领用原材料，价值 5 000 元”这笔业务记账时，要在“生产成本”账户登记增加 5 000 元，同时在“原材料”账户登记减少 5 000 元。这样的记账方法反映了资金运动的来龙去脉，清晰地描述了经济业务的全过程。根据记账符号、记账规则、试算平衡公式的不同，复试记账法有多种，目前我国使用的复式记账是借贷记账法。

二、借贷记账法的基本内容

借贷记账法是以“借”、“贷”为记账符号，以“有借必有贷，借贷必相等”为记账规则的一种复式记账。它的基本内容一般包括以下几方面。

1. 记账符号

借贷记账法以“借”、“贷”为记账符号。“借”和“贷”是借贷记账法的标志。这对记账符号要同借贷记账法账户种类、结构统一起来应用，才能真正反映出它们分别代表的会计要素增减变动的内容。

2. 账户结构与分类

借贷记账法账户的基本结构是：左右两方，左方称为借方，右方称为贷方。哪一方登记增加，哪一方登记减少，余额在哪一方，取决于账户的性质。

（1）资产类账户。借方记录资产的增加，贷方记录资产的减少，期末余额在借方，其形式如图 3-3 所示。该类账户的发生额和余额之间的关系表示为

资产类账户期末余额 = 期初借方余额 + 本期借方发生额 − 本期贷方发生额

（2）负债及所有者权益（权益）类账户。贷方记录权益的增加，借方记录权益的减少。期末余额在贷方，其形式如图 3-4 所示。该类账户的发生额和余额之间的关系表示为

负债及所有者权益类账户期末余额 = 期初贷方余额 + 本期贷方发生额 − 本期借方发生额

（3）收入类账户。收入的增加额记入账户的贷方，收入转出（减少额）记入账户的借方。由于贷方记录的收入增加额一般要通过借方转出，所以该类账户通常没有期末余额，其形式如图 3-5 所示。

（4）费用类账户。费用的增加额记入账户的借方，费用转出（减少额）则应记入账户的贷方，由于借方记录的费用增加额一般要通过贷方转出，所以该类账户通常没有期末余额。

其形式如图3-6所示。

借方　资产类	贷方
期初余额 本期增加额	本期减少额
本期发生额 期末余额	本期发生额

图3-3　资产类账户

借方　负债及所有者权益类	贷方
本期减少额	期初余额 本期增加额
本期发生额	本期发生额 期末余额

图3-4　负债及所有者权益类账户

借方　收入类	贷方
本期减少额	本期增加额
本期发生额	本期发生额

图3-5　收入类账户

借方　费用类	贷方
本期减少额	本期增加额
本期发生额	本期发生额

图3-6　费用类账户

上述内容可归纳如下，见表3-4。

表3-4　账户名称(会计科目)

借　方	贷　方
资产增加	资产减少
负债及所有者权益减少	负债及所有者权益增加
费用成本增加	费用成本转出(减少)
收入类转出(减少)	收入类增加

3. 记账规则

借贷记账法的记账规则可以概括为“有借必有贷，借贷必相等”。它实际是复式记账的具体运用。一项经济业务发生以后，要在一个账户借方记录的同时，在另一个账户贷方登记；或在一个账户借方记录的同时，在几个账户贷方登记；或在几个账户借方记录的同时，在另一个账户贷方登记。记入借方和贷方的金额要相等。

4. 试算平衡公式

试算平衡是指在借贷记账法下，利用借贷发生额和期末余额(期初余额)的平衡原理，检查账户记录是否正确的一种方法。通过检验可以初步检查记账工作正确与否。其公式如下。

(1) 余额平衡公式，依据“资产=负债+所有者权益”这种平衡关系，以及借贷记账法下账户的性质决定了“期初(期末)全部账户借方余额之和=期初(期末)全部账户贷方余额之和”。

(2) 发生额平衡公式，根据“有借必有贷，借贷必相等”的记账规则决定了“本期所有账户的借方发生额合计等于所有账户的贷方发生额合计”。

如果上述计算都能保持平衡，说明记账工作基本上是正确的，否则就说明记账工作发生了差错，应及时查明原因。在实际工作中，这种试算平衡通常是通过编制试算平衡表来完成的。

单元小结

★ 我国采用的记账方法是借贷记账法，其内容主要包括：记账符号、账户结构与分类、记账规则、试算平衡公式。

第三单元　初试会计核算工作

单元情景

2011 年 4 月 1 日，海洋公司有关总分类账户以及原材料、应付账款明细账户期初余额见表 3-5。

表 3-5　海洋公司总分类账户期初余额

资　产		负债及所有者权益	
项　目	借方余额	项　目	贷方余额
库存现金	2 800	短期借款	300 000
银行存款	500 000	应付账款	70 000
应收账款	80 000	应付职工薪酬	60 800
原 材 料	180 000	应交税费	22 000
固定资产	3 200 000	实收资本	3 510 000
合　计	3 962 800	合　计	3 962 800

其中有关明细账资料如下：

名称	数量/千克	单价/元	金额/元
A 材料	400	200	80 000
B 材料	200	500	100 000

“应付账款——长城公司” 40 000 元；“应付账款——红旗公司” 30 000 元。

要求：

（1）开设账户登记期初余额（建账）。

（2）根据 2011 年 4 月海洋公司发生经济业务，编制会计分录。

（3）根据会计分录登记账户（过账）。

（4）月末结计账户本期发生额及期末余额（结账）。

（5）编制本期发生额及期末余额试算平衡表。

知识储备

一、建账

根据海洋公司 2011 年 4 月 1 日有关总分类账户以及原材料、应付账款明细账户期初余额，开设总账（总账用 T 形账户）和明细账，并登记期初余额。

二、编制会计分录

1. 会计分录

会计分录是指经济业务发生以后，说明应借应贷账户名称和金额的会计记录。正确的会计分录是登记总分类账户和明细分类账户的基础。编制会计分录一般按以下步骤进行。

（1）分析经济业务发生所涉及的账户名称。

（2）确定哪个账户金额增加，哪个账户金额减少。

（3）根据账户的性质，确定其增加的金额应记入借方还是贷方；减少的金额应记入借方还是贷方。

（4）写出会计分录。

根据海洋公司 2011 年 4 月份的经济业务编制会计分录如下：

1）4 月 1 日投资者用银行存款 200 000 元向企业投资，手续办妥，款已划入企业存款户。

收到投资款存入银行，银行存款是资产类账户，银行存款增加，在借方登记；同时，实收资本是权益类账户，资本金即实收资本增加，在贷方登记。会计分录如下：

借：银行存款　　200 000

　　贷：实收资本　　200 000

2）4 月 3 从银行取得贷款 500 000 元，期限 24 个月，年利率 8%，存入银行存款户。

取得贷款存入银行，银行存款是资产类账户，银行存款增加，在借方登记；同时长期借款是负债类账户，长期借款增加，在贷方登记。会计分录如下：

借：银行存款　　500 000

　　贷：长期借款　　500 000

3）4 月 5 日用银行存款上交税费 22 000 元。

用银行存款上交税费，银行存款是资产类账户，银行存款减少，在贷方登记；同时，企业上缴了税费，应交税费是负债类账户，负债减少在借方登记，会计分录如下：

借：应交税费　　22 000

　　贷：银行存款　　22 000

4）4 月 7 日用银行存款偿还短期借款 200 000 元。

用银行存款偿还短期借款，银行存款是资产类账户，银行存款减少，在贷方登记；同时，短期借款是负债类账户，负债减少在借方登记，会计分录如下：

借：短期借款　　200 000

　　贷：银行存款　　200 000

5）4 月 10 日用银行存款购买汽车一辆，120 000 元，汽车交付使用。

用银行存款购买汽车，银行存款减少，应在银行存款账户的贷方登记；汽车是企业的固定资产，它的增加应在固定资产账户的借方登记。会计分录如下：

借：固定资产　　120 000

　　贷：银行存款　　120 000

6）4 月 12 日从红旗公司购买 A 材料 250 千克，单价 200 元，买价 50 000 元。材料验收，货款暂欠。

购买材料并验收入库，库存材料增加。原材料是资产类账户，它的增加，应记入原材料账户的借方。同时货款暂欠，形成企业的负债，即应付账款增加，应记入“应付账款”账户的贷方。会计分录如下：

借：原材料——A 材料　50 000

　贷：应付账款——红旗公司　50 000

7）4 月 14 日生产甲产品领用 A 材料 500 千克，价值 100 000 元，B 材料 100 千克，价值 50 000 元。

生产产品领用材料，生产成本是成本类账户，它的增加在借方登记；同时，原材料是资产类账户，原材料减少，在贷方登记。会计分录如下：

借：生产成本——甲产品　150 000

　贷：原材料 ——A 材料　100 000

　　　　　——B 材料　50 000

8）4 月 15 日从红旗公司购买 A 材料 500 千克，单价 200 元，买价 100 000 元；从长城公司购买 B 材料 300 千克，单价 500，买价 150 000 元，材料验收入库，货款 250 000 元用银行存款支付。

购买材料并验收入库，库存材料增加。原材料增加，应记入原材料账户的借方。同时货款用银行存款支付，记入银行存款账户的贷方。会计分录如下：

借：原材料——A 材料　100 000

　　　　——B 材料　150 000

　贷：银行存款　250 000

9）4 月 18 日开出一张商业汇票支付应付红旗公司的货款 50 000 元。

开出一张商业汇票支付应付账款，应付账款是负债类账户，应付账款减少，在借方登记；同时，应付票据是负债类账户，应付票据增加，在贷方登记。会计分录如下：

借：应付账款——红旗公司　50 000

　贷：应付票据　50 000

10）4 月 20 日从银行提取现金 3 000 元备用。

从银行提取现金，现金是资产类账户，现金增加，在借方登记；同时银行存款减少，在贷方登记。会计分录如下：

借：库存现金　3 000

　贷：银行存款　3 000

11）4 月 20 日业务员李明预借差旅费 4 000 元，付现金。

李明借款，库存现金是资产类账户，库存现金减少，在贷方登记；同时，其他应收款是资产类账户，其他应收款增加，在借方登记。会计分录如下：

借：其他应收款——李明　4 000

　贷：库存现金　4 000

12）4 月 22 日生产甲产品领用 A 材料 300 千克，价值 60 000 元，B 材料 120 千克，价值 60 000 元。

生产产品领用材料，生产成本是成本类账户，它的增加在借方登记；同时，原材料是资产类账户，原材料减少，在贷方登记。会计分录如下：

借：生产成本——甲产品　120 000

　贷：原材料 ——A 材料　60 000

——B 材料　　60 000

13）4 月 25 日用银行存款发放工资 60 800 元。

用银行存款发放工资，银行存款减少在银行存款账户贷方登记；同时，应付职工薪酬这种负债减少，在借方登记。会计分录如下：

借：应付职工薪酬——工资　　60 800

　　贷：银行存款　　60 800

14）4 月 26 日投资者向企业注资 500 000 元，其中 B 材料 40 千克，价值 20 000 元，材料验收入库，机器设备 480 000 元，交付使用。

接受投资，原材料增加，在原材料账户的借方登记，机器设备是企业的固定资产，它的增加在固定资产的借方登记；同时，实收资本增加，在贷方登记。会计分录如下：

借：原材料——B 材料　　20 000

　　固定资产　　480 000

　　贷：实收资本　　500 000

15）4 月 26 日从长城公司购买 A 材料 500 千克，价值 100 000 元，材料验收入库。用银行存款支付货款 60 000 元，其余货款暂欠。

购买材料，原材料增加，原材料是资产类账户，它的增加在借方登记；用银行存款支付货款，银行存款减少，在银行存款账户的贷方登记；购买材料货款暂欠，应付账款增加，应付账款是负债类账户，它的增加在贷方登记。会计分录如下：

借：原材料——A 材料　　100 000

　　贷：银行存款　　60 000

　　　　应付账款——长城公司　　40 000

16）4 月 28 日用银行存款偿还长城公司货款 50 000 元。

用银行存款偿还货款，银行存款减少，银行存款是资产，其减少记入贷方；同时负债应付账款减少，记入借方。会计分录如下：

借：应付账款——长城公司　　50 000

　　贷：银行存款　　50 000

17）4 月 30 日收回外单位所欠货款 80 000 元存入银行。

收回货款存入银行，银行存款增加，记入银行存款账户借方；同时应收账款减少，记入“应收账款”账户贷方。会计分录如下：

借：银行存款　　80 000

　　贷：应收账款　　80 000

2. 会计分录的种类

上述经济业务编制的会计分录有的只涉及两个账户，有的涉及多个账户。凡只涉及两个账户的会计分录称为简单会计分录；涉及两个以上账户的会计分录称为复合分录。在实际工作中，一般不允许将多项经济业务合并，编制多借多贷的会计分录，这样会混淆账户的对应关系。

3. 账户的对应关系

在会计分录中，有关账户之间存在着应借、应贷的相互关系，账户之间的这种相互关系称为账户的对应关系。存在对应关系的账户互称对应账户。例如，用银行存款 250 000 元购买原材料，就要在原材料账户的借方和银行存款账户的贷方进行记录。这样“原材料”与“银行存款”账户之间就有了对应关系，两个账户也就成了对应账户。再如，投资者用原材料和固定资产向企业注资，要在原材料、固定资产账户借方登记的同时，在实收资本账户贷方登记。原材料、固定资产和实收资本互称对应账户。掌握账户的对应关系，可以了解经济业务的内容、来龙去脉，检查对经济业务的处理是否正确。

三、记账

1. 总分类账户与明细分类账户的关系

总分类账户是根据总账科目开设的，总括反映经济业务的账户。明细分类账户是详细具体的记录经济业务的账户。总分类账户对明细分类账户具有统驭和控制的作用；明细分类账户对总分类账户具有补充说明作用；二级账户是介于总分类账户与明细分类账户之间的账户。总分类账户与其所属明细分类账户在记录经济业务时采用平行登记的方法。

2. 平行登记的要点

平行登记是指对所发生的每项经济业务事项，都要以会计凭证为依据，一方面记入有关总分类账户，另一方面记入有关总分类账户所属明细分类账户的方法。其要点主要有以下几方面：

（1）依据相同。登记总分类账与登记明细分类账依据的会计凭证相同。

（2）同期登记。要在同一会计期间，登记总分类账和明细分类账。

（3）方向相同。一项经济业务记入总账和记入明细账的方向要一致。

（4）金额相等。记入总账的金额应该等于记入所属明细账金额之和。

公式表示如下：

总账账户的本期发生额 = 所属明细账户本期发生额合计

总账账户的期初（末）余额 = 所属明细账户期初（末）余额合计

3. 登记入账

根据会计分录逐笔登记总分类账户和所属的明细账户（明细账户只以“原材料”、“应付账款”账户为例，其余略）。总账登记如图 3-7 ~ 图 3-20 所示，明细账登记见表 3-6 ~ 表 3-9。

借方	库存现金	贷方
期初余额	2 800	11） 4 000
10）	3 000	
本期发生额	3 000	本期发生额 4000
期末余额	1800	

图 3-7　库存现金

借方	银行存款	贷方
期初余额	500 000	3） 22 000
		4） 200 000
1）	200 000	5） 120 000
2）	500 000	8） 250 000
17）	80 000	10） 3 000
		13） 60 800
		15） 60 000
		16） 50 000
本期发生额	780 000	本期发生额 765 800
期末余额	514 200	

图 3-8　银行存款

借方 应收账款 贷方

借方	贷方
期初余额 80 000	17） 80 000
期末余额	本期发生额 80 000

图 3-9 应收账款

借方 其他应收款 贷方

借方	贷方
11） 4 000	
本期发生额 4 000	
期末余额 4 000	

图 3-10 其他应收款

借方 原材料 贷方

借方	贷方
期初余额 180 000	
6） 50 000	7） 150 000
8） 250 000	12） 120 000
14） 20 000	
15） 100 000	
本期发生额 420 000	本期发生额 270 000
期末余额 330 000	

图 3-11 原材料

借方 固定资产 贷方

借方	贷方
期初余额 3 200 000	
5） 120 000	
14） 480 000	
本期发生额 600 000	
期末余额 3 800 000	

图 3-12 固定资产

借方 短期借款 贷方

借方	贷方
	期初余额 300 000
4） 200 000	
本期发生额 200 000	
	期末余额 100 000

图 3-13 短期借款

借方 应付账款 贷方

借方	贷方
	期初余额 70 000
9） 50 000	6） 50 000
16） 50 000	15） 40 000
本期发生额 100 000	本期发生额 90 000
	期末余额 60 000

图 3-14 应付账款

借方 应付票据 贷方

借方	贷方
	9） 50 000
	本期发生额 50 000
	期末余额 50 000

图 3-15 应付票据

借方 应交税费 贷方

借方	贷方
	期初余额 22 000
3） 22 000	
本期发生额 22 000	
	期末余额 0

图 3-16 应交税费

借方	应付职工薪酬	贷方
13） 60 800		期初余额 60 800
本期发生额 60 800		
		期末余额 0

图 3-17 应付职工薪酬

借方	长期借款	贷方
		2） 500 000
		本期发生额 500 000
		期末余额 500 000

图 3-18 长期借款

借方	实收资本	贷方
		期初余额 3 510 000
		1） 200 000
		14） 500 000
		本期发生额 700 000
		期末余额 4 210 000

图 3-19 实收资本

借方	生产成本	贷方
7） 150 000		
12） 120 000		
本期发生额 270 000		
期末余额 270 000		

图 3-20 生产成本

表 3-6 原材料 A 明细账

材料名称及规格：A 材料　　　　计量单位：千克

2012 年		凭证号数	摘要	收入			发出			结存		
月	日			数量	单价	金额	数量	单价	金额	数量	单价	金额
4	1	略	期初余额							400	200	80 000
	12		购入	250	200	50 000				650	200	130 000
	14		生产领用				500	200	100 000	150	200	30 000
	15		购入	500	200	100 000				650	200	130 000
	22		生产领用				300	200	60 000	350	200	70 000
	26		购入	500	200	100 000				850	200	170 000
	30		本月合计	1250	200	250 000	800	200	160 000	850	200	170 000

表 3-7 原材料 B 明细账

材料名称及规格：B 材料　　　　计量单位：千克

2012 年		凭证号数	摘要	收入			发出			结存		
月	日			数量	单价	金额	数量	单价	金额	数量	单价	金额
4	1	略	期初余额							200	500	100 000
	14		生产领用				100	500	50 000	100	500	50 000
	15		购入	300	500	150 000				400	500	200 000
	22		生产领用				120	500	60 000	280	500	140 000
	26		投资者投入	40	500	20 000				320	500	160 000
	30		本月合计	340	500	170 000	220	500	110 000	320	500	160 000

表 3-8　长城公司应付账款明细账

明细科目：长城公司

2012 年		凭证号数	摘　要	借　方	贷　方	借或贷	余　额
月	日						
4	1	略	期初余额			贷	40 000
	26		购买材料		40 000	贷	80 000
	28		偿还货款	50 000		贷	30 000
	30		本月合计	50 000	40 000	贷	30 000

表 3-9　红旗公司应付账款明细账

明细科目：红旗公司

2012 年		凭证号数	摘　要	借　方	贷　方	借或贷	余　额
月	日						
4	1	略	期初余额			贷	30 000
	12		购买材料		50 000	贷	80 000
	18		偿还货款	50 000		贷	30 000
	30		本月合计	50 000	50 000	贷	30 000

四、期末结账

期末结账是指月末结计每个账户本期发生额及期末余额。总账结账如图 3-7 ~ 图 3-20 所示，明细账结账见表 3-6 ~ 表 3-9。月末计算每个总分类账户和所属的明细账户的借方、贷方发生额及余额，并登记入账。

五、试算平衡

1. 试算平衡表的编制

根据试算平衡公式，编制试算平衡表，完成试算平衡工作。由于试算平衡的目的不同，编制的格式也可以不一样，如果只检查期初或期末余额的情况，可以只编制期初或者期末余额试算平衡表；如果检查本期经济业务登记是否有误，可以编制本期发生额试算平衡表。也可以将三个表编制在一张表上。如海洋公司 4 月份试算平衡表，见表 3-10。

2. 正确认识试算平衡

试算平衡表不平衡，说明记账工作有差错，应查明错误原因，予以更正。试算平衡表平衡，也不能说明记账工作完全正确，原因如下。

（1）重记某项经济业务，将使本期借贷双方的发生额等额虚增，借贷仍然平衡。

（2）漏记某项经济业务，将使本期借贷双方的发生额等额减少，借贷仍然平衡。

（3）某项经济业务账户使用错误，借贷仍然平衡。

（4）某项经济业务颠倒了记账方向，借贷仍然平衡。

（5）借方或贷方发生额中，偶然一多一少并相互抵消，借贷仍然平衡。

所以，试算平衡是记账正确的必要条件，而不是充分条件。

上述会计工作的基本程序，概括总结如下：经济业务发生编制会计分录→登记账户→编制会计报表。

表 3-10　海洋公司 4 月份试算平衡表

账户名称	期初余额		本期发生额		期末余额	
	借方	贷方	借方	贷方	借方	贷方
库存现金	2 800		3 000	4 000	1 800	
银行存款	500 000		780 000	765 800	514 200	
应收账款	80 000			80 000		
其他应收款			4 000		4 000	
原材料	180 000		420 000	270 000	330 000	
生产成本			270 000		270 000	
固定资产	3 200 000		600 000		3 800 000	
短期借款		300 000	200 000			100 000
应付账款		70 000	100 000	90 000		60 000
应交税费		22 000	22 000			
应付票据				50 000		50 000
应付职工薪酬		60 800	60 800			
长期借款				500 000		500 000
实收资本		3 510 000		700 000		4 210 000
合计	3 962 800	3 962 800	2 459 800	2 459 800	4 920 000	4 920 000

单元小结

★　会计核算的基本程序。

★　会计分录；账户对应关系。

★　总分类账户与明细分类账户的关系；平行登记的要点。

★　结账；试算平衡表的编制。

模块四

企业基本经济业务核算

学习目标

1. 知识目标：了解企业资金运动各环节发生的基本经济业务；掌握企业常用账户的核算内容、用途结构以及明细账户设置方法；掌握材料采购成本的构成；掌握产品成本的构成；理解利润分配的原则。

2. 能力目标：能根据企业发生的经济业务编制会计分录；会计算材料采购成本、生产成本、产品销售成本；会计算营业利润、利润总额、净利润。

3. 素质目标：培养良好的人际交往能力。

第一单元　资金筹集的业务核算

单元情景

老师：张月明，如果你自己要创办一家公司，你首先需要准备什么？

月明：首先要有资金。

老师：对，那你将如何筹集资金呢？筹集到资金，会计又如何对其进行会计核算呢？

知识储备

一、企业筹集资金的渠道

企业开展生产经营活动必须要有一定数额的资金，才能保证企业购建厂房、购买机器设备、购买材料、支付职工劳动报酬、支付各项费用、偿还到期债务、分配红利等。因此，不断地进行资金筹集，才能保证企业资金循环周转顺利进行。企业筹集资金的渠道主要有两方面：一是投资者投入，也称实收资本；二是企业借入，形成企业的负债。

二、资金筹集业务的核算

1. 投资者投入资金的核算

（1）实收资本的含义。实收资本是指投资者作为资本投入企业的各种财产，是企业注册登记的法定资本总额的来源，它表明所有者对企业的基本产权关系。实收资本的构成比例是企业据以向投资者进行利润或股利分配的主要依据。我国实行的是注册资本制，因而，在投资者足额缴纳资本之后，企业的实收资本应该等于企业的注册资本。所有者向企业投入的资本，在一般情况下无需偿还，可以长期周转使用。企业实收资本比原注册资本数额增减超过20%时，应持资金使用证明或验资证明，向原登记主管机关申请变更登记。

（2）实收资本的种类。实收资本按投资主体分为如下五种。

1）国家资本。国家资本是指有权代表国家投资的政府部门或机构以国有资产投入企业形成的资本。不论企业的资本是哪个政府部门或机构投入的，只要是以国家资本进行投资的，均作为国家资本。

2）法人资本。法人资本是指其他法人单位投入本企业的资本。

3）个人资本。个人资本是指社会个人或者本企业内部职工以个人合法财产投入企业形成的资本。

4）港澳台资本。港澳台资本是指我国香港、澳门特别行政区和台湾地区的投资者投入企业的资本。

5）外商资本。外商资本是指外国投资者投入企业的资本。

（3）实收资本的核算。

1）账户设置。投资者向企业投入资金时，其出资方式可以是货币、实物或者是无形资产，但是必须符合国家法律法规的规定。为了核算企业接受投资者投资额的变化，企业应设置“实收资本”（股本）账户进行核算，并按投资主体的不同进行明细核算。

“实收资本”核算投资者投入企业的资本金。贷方登记投资者投入资金，投资者按法律规定撤走资金登记在借方；期末贷方余额表示投资者投入资本(或股本)的余额。

2）相关业务核算。风帆公司接受投资者投入资本的业务例题如下，请作出账务处理。

【例4-1】12月3日风帆公司接受B公司投入现金100万元，款项已划入银行存款户。

企业接受投资者投入货币资金，银行存款增加，应在“银行存款”账户借方登记；同时，表明企业的资本金增加，即实收资本增加，在“实收资本”账户贷方登记。会计分录如下：

借：银行存款　　1 000 000

　　贷：实收资本——B公司　　1 000 000

【例4-2】12月4日风帆公司接受A投资人投入机器设备，双方协议价格2 000 000元；原材料，发票价格500 000元。设备交付使用，材料验收入库。

企业接受投资者投入机器设备，固定资产增加，应在“固定资产”账户借方登记；接受投资者投入原材料，应在“原材料”账户借方登记；同时，表明企业的资本金增加，即实收资本增加，在“实收资本”账户贷方登记。会计分录如下：

借：固定资产　　2 000 000

　　原材料　　500 000

　　贷：实收资本——A投资人　　2 500 000

三、借款业务的核算

1. 借款种类与核算内容

企业自有资金不足时，可以从银行或其他金融机构借入款项。企业因借款而形成的负债有两种：一是短期借款；二是长期借款。短期借款是指企业向银行或其他金融机构等借入的，偿还期限在1年以内(含1年)的各种借款。长期借款是指企业向银行或其他金融机构等借入的，偿还期限在1年以上的各种借款。无论长期借款还是短期借款，会计核算的内容包括三个方面：借入业务的核算；偿还业务的核算；借款利息的核算。

2. 账户设置

企业要核算借款业务，应设置“短期借款”和“长期借款”两个会计账户。借入款项时，应贷记本账户；归还借款时，借记本账户；期末贷方余额反映企业尚未偿还的短(长)期借款的本金。

3. 借款业务的核算

风帆公司2012年有关借款业务例题如下，请作出账务处理。

(1) 借入款项的核算。

【例4-3】 12月5日 风帆公司从银行借入款项10万元，期限6个月，年利率6%，款项划入银行存款账户。

从银行借入资金后，银行存款增加，借记“银行存款”；同时，企业的负债短期借款增加，应贷记“短期借款”。会计分录如下：

借：银行存款　　100 000

　　贷：短期借款　　100 000

(2) 偿还款项的核算。

【例4-4】 12月16日风帆公司用银行存款偿还到期的短期借款20 000元。

用银行存款偿还贷款后，企业的负债短期借款减少，应借记“短期借款”。同时，银行存款减少，应贷记“银行存款”。会计分录如下：

借：短期借款　　20 000

　　贷：银行存款　　20 000

(3) 利息的核算。

企业借入借款后，必须按期支付利息。对于企业发生的利息费用，应通过“财务费用”账户进行核算。利息一般按月记入财务费用，按季度与银行进行结算。

财务费用核算企业为筹集生产经营所需资金而发生的筹资费用，包括利息支出(减利息收入)、银行手续费等。企业确认发生筹资费用时，记入本科目的借方；发生利息收入时贷记本科目；期末，企业应将本科目余额转入“本年利润”，结转后本科目应无余额。

【例4-5】 12月31日风帆公司经计算确认本月应负担借款利息1 200元。

企业在期末确认利息费用时，费用增加，应借记“财务费用”；同时，应贷记“应付利息”。会计分录如下：

借：财务费用　　1 200

　　贷：应付利息　　1 200

【例4-6】 12月31日风帆公司用银行存款支付第四季度贷款利息4 200元。

用银行存款支付利息时，应借记“应付利息”；贷记“银行存款”。会计分录如下：

借：应付利息　　4 200

　　贷：银行存款　　4 200

单元小结

★　创办企业必须拥有一定的资金，资金筹集的渠道有两方面，即投资者投入和企业借入。投资者投入的资金就是创办企业的本钱，即实收资本；企业借入的资金即企业的负债。

★ 投资人可以是国家、法人、个人、港澳台的公民，也可以是外商。投资人可以用货币出资，也可以用实物或无形资产出资。

★ 收到投资者投入的资金时，借记有关资产科目，贷记“实收资本”科目。

★ 企业借入的资金按偿还期划分为短期借款和长期借款。无论何种借款其核算内容包括：借入的核算、偿还的核算、利息的核算。

★ 借入款项时，借记“银行存款”科目，贷记“短期借款”或“长期借款”科目。

★ 归还借款时：借记“短期借款”或“长期借款”科目，贷记“银行存款”科目。

★ 月末结算利息时：借记“财务费用”科目，贷记“应付利息”科目；向银行支付利息时，借记“应付利息”科目，贷记“银行存款”科目。

第二单元　供应过程中的业务核算

单元情景

张月明父亲的木器厂购入一批木材，取得的增值税发票注明买价 50 000 元，增值税率 17%，增值税额 8 500 元，价税合计 58 500 元。取得运输公司的普通发票一张，列明支付运杂费 3 000 元。另用现金支付装卸费 500 元。这批木材的采购成本如何计算？

知识储备

一、供应过程中的业务内容

1. 供应过程的主要经济业务

供应过程是制造业企业生产经营过程的起点，一般是购买机器设备、材料物资为生产加工作准备。主要经济业务有：购买材料支付买价、支付增值税、支付采购费用等；材料验收入库，确定采购成本。

2. 采购成本的构成

外购材料的采购成本主要包括：购买材料的买价和采购费用。买价是指购买材料取得的发票上的价格。采购费用包括发生的运杂费、途中合理损耗、入库前的挑选整理费用等。为了简化核算采购人员的差旅费用不计入采购成本，直接计入管理费用。

3. 增值税的缴纳

（1）增值税的纳税义务人。在中华人民共和国境内销售货物或者提供加工、修理修配劳务以及进口货物的单位和个人，为增值税的纳税人、纳税义务人应当依照《中华人民共和国增值税暂行条例》缴纳增值税。纳税人按其经营规模大小以及会计核算是否健全划分为一般纳税人和小规模纳税人。

（2）增值税的税率。增值税一般纳税人的税率是 17%，低税率为 13%，出口货物适用零税率。增值税小规模纳税人的征收率为 3%。

财政部、国家税务总局 2011 年 11 月 17 日公布营业税改征增值税试点方案，其中营业税改征增值税试点的主要税制安排为在现行增值税17%和13%的税率基础上，新增11%和6%两档低税率，一般纳税人提供有形动产租赁服务等适用17%税率；交通运输业、建筑业等适用11%税率；其他部分现代服务业适用6%税率。简易征收一般纳税人以销售情况定4%、6%税率。

（3）一般纳税人应纳增值税额的计算。一般纳税人应纳增值税额的计算公式如下：

本期应纳增值税额＝本期销项税额－本期进项税额

销项税额是增值税纳税人销售货物和提供应税劳务，按照销售额和适用税率计算并向购买方收取的增值税额，公式如下：

销项税额＝不含税销售额×税率

不含税销售额＝含 税销售额÷（1＋税率）

选项税额是企业购入货物或接受应税劳务而支付的，准予从销项税额中抵扣的增值税额。下列进项税额准予从销项税额中抵扣：

①从销售方取得的增值税专用发票上注明的增值税额。

②从海关取得的海关进口增值税专用缴款书上注明的增值税额。

③购进农产品，除取得增值税专用发票或者海关口增税专用缴款书外，按照农产品收购发票或者销售发票上注明的农产品买价和13%的扣除率计算进项税额。进项税额计算公式如下：

进项税额＝买价×扣除率

④购进或者销售货物以及在生产经营过程中支付运输费用的，按照运输费用结算单据上注明的运输费用金额和7%的扣除率计算进项税额。进项税额计算公式如下：

进项税额＝运输费用金额×扣除率

增值税的征税范围包括：销售和进口货物，提供加工及修理修配劳务。货物是指有形动产，包括电力、热力、气体等，不包括不动产。加工是指受托加工货物，即委托方提供原料及主要材料，受托方按照委托方的要求制造货物并收取加工费的业务；修理修配是指受托对损伤和丧失功能的货物进行修复，使其恢复原状和功能的业务。

二、账户设置

为核算购买材料结算货款、确定采购成本等业务内容，主要设置如下账户：

1. “在途物资”账户

在途物资是指企业已支付货款，尚未验收入库的材料。该账户借方核算购买材料支付的买价及采购费用等；贷方核算入库原材料的采购成本；其借方余额表示在途材料的实际采购成本。本科目应当按所购材料的种类进行明细核算。

2. “原材料”账户

借方登记入库材料的实际成本（采购成本），贷方登记发出材料的实际成本。期末借方余额反映库存材料的实际成本。应按材料的种类和名称进行明细核算。

3. “应交税费”账户

核算企业按照税法规定计算应交纳的各种税费，包括增值税、消费税、营业税、所得税、资源税、土地增值税、城市维护建设税、房产税、土地使用税、车船使用税、教育费附加等。企业按税法规定计算出应交而未交的税费时，负债增加，记入本科目的贷方；实际支付税费时，负债减少，借记本科目；本科目期末贷方余额，反映企业应交但尚未交纳的税费；期末如为借方余额，反映企业多交或尚未抵扣的税金。本科目应当按照应交税费的税种进行明细核算。

供应过程中的业务核算一般还会涉及“银行存款”、“库存现金”、“应付账款”、“应付票据”等账户。

三、供应过程中的业务核算

风帆公司2012年12月份发生的材料采购业务以及货款结算业务如下，根据业务内容进行账务处理。

1. 单一材料采购的核算

采购一种材料，采购费用属于直接费用，采购材料的买价直接加上发生的采购费用就是所购材料的采购成本。

【例4-7】12月3日 从华夏公司购入甲材料，增值税专用发票注明买价100 000元，增值税额17 000元，价税合计117 000元以存款支付，材料尚未验收入库。

企业购入材料，但未验收入库，“在途物资”这一资产增加；同时，以存款支付货款，“银行存款”这一资产减少。会计分录如下：

借：在途物资——甲材料　　100 000
　　应交税费——应交增值税（进项税额）　　17 000
　　贷：银行存款　　117 000

【例4-8】12月5日 以存款支付甲材料的运杂费2 000元。（运杂费不考虑增值税，下同）

运杂费是采购成本内容之一，支付材料的运杂费，采购成本增加，记入在途物资的借方，同时记入银行存款的贷方。会计分录如下：

借：在途物资——甲材料　　2 000
　　贷：银行存款　　2 000

【例4-9】12月5日上述甲材料验收入库，结转采购成本。会计分录如下：

借：原材料——甲材料　　102 000
　　贷：在途物资——甲材料　　102 000

【例4-10】12月11日 从东方公司购入乙材料一批，增值税专用发票注明买价80 000元，增值税13 600元，价税合计93 600元，同时东方公司垫支运杂费2 400元，全部货款96 000元暂欠，材料验收入库。

购入材料验收入库，库存材料增加，应记入“原材料”账户借方；因购入材料而增加了一笔负债，即应付账款增加。

应付账款核算企业在经营活动过程中因购买材料、商品和接受劳务供应等应支付的款项。因购买货物、接受劳务而增加负债时，贷记本科目；因偿还货款而减少该负债时，借记本科目；期末余额表示尚未归还的货款。本科目应当按照不同的债权人进行明细核算。会计分录如下：

借：原材料——乙材料　　82 400
　　应交税费——应交增值税（进项税额）　　13 600
　　贷：应付账款——东方公司　　96 000

【例4-11】12月24日 用银行存款偿还东方公司货款96 000元。会计分录如下：

借：应付账款——东方公司　　96 000
　　贷：银行存款　　96 000

2. 同时采购多种材料的核算

同时采购多种材料，材料的买价是直接费用，共同发生的采购费用属于间接费用，间接费用要按一定标准（重量、体积、买价等）和比例在所购材料之间进行分配，然后买价加上采购费用确定采购成本。计算步骤如下：

（1）计算分配率。

采购费用分配率 = 采购费用总额 ÷ 各种材料的重量（或买价、体积等）之和

（2）计算材料应负担的采购费用。

某种材料应负担的采购费用 = 该种材料的重量（或买价）× 采购费用分配率

【例 4-12】 12 月 17 日从大连公司购入甲材料 2 000 千克，单价 50 元，买价 100 000 元，增值税 17 000 元；购入乙材料 3 000 千克，单价 40 元，买价 120 000 元，增值税 20 400 元，两种材料的运杂费 5 000 元，全部款项 262 400 元，用银行存款支付，材料尚未验收入库。

1）计算采购费用分配率 = 5 000 ÷（2 000 + 3 000）= 1

2）计算甲、乙两种材料应负担的采购费用。

甲材料应负担的采购费用 = 2 000 × 1 = 2 000（元）

乙材料应负担的采购费用 = 3 000 × 1 = 3 000（元）

3）计算材料的采购成本。

甲材料的采购成本 = 买价 + 采购费用 = 100 000 + 2 000 = 102 000（元）

乙材料的采购成本 = 买价 + 采购费用 = 120 000 + 3 000 = 123 000（元）

根据计算结果编制会计分录如下：

借：在途物资—— 甲材料　　102 000

　　　　　　—— 乙材料　　123 000

　　应交税费——应交增值税（进项税额）　　37 400

　　贷：银行存款　　262 400

【例 4-13】 12 月 20 日购入的材料验收入库，结转采购成本。

材料验收入库，在途材料（资产）减少，而库存材料（资产）增加。会计分录如下：

借：原材料——甲材料　　102 000

　　　　　——乙材料　　123 000

　　贷：在途物资——甲材料　　102 000

　　　　　　　　——乙材料　　123 000

单元小结

★ 供应过程的业务主要有：购买材料支付买价、税费、运杂费等；材料验收入库，确定入库材料的采购成本。

★ 采购成本包括：买价、运杂费、途中合理损耗、入库前的挑选整理费用等。

★ 购买一种材料的采购费用属于直接费用，其采购成本是买价加采购费用；同时购买多种材料，发生的采购费用就属于间接费用。间接费用应该按一定的标准在所购买材料之间进行分配。采用的分配标准可以是：所购材料的重量、体积或买价等。采购成本等于某种材料的买价加其应负担的采购费用。

★ 增值税是对在我国境内销售货物或者提供加工、修理修配劳务以及进口货物的单位和个人，就其实现的增值额征收的一种税。一般纳税人本期应交增值税额 = 本期销项税额 - 进项税额。

★ 购买材料支付货款时，借记在途物资科目；贷记银行存款科目。

★ 结转采购成本时，借记原材料科目，贷记在途物资科目。

第三单元　生产过程中的业务核算

单元情景

产品生产会发生多项物质耗费。如何将发生的物质耗费归集、分配，最终确定产品的生产成本呢?

知识储备

一、生产过程中的主要业务内容

生产过程是劳动者利用劳动资料对劳动对象进行生产加工的过程。因此，生产过程是物质的耗费过程；同时也是产品形成的过程。会计核算的主要经济业务包括：领用材料投入生产，发生材料物资的耗费；发生劳动力耗费，企业与劳动者结算劳动报酬；机器设备发生价值损耗，确定折旧费用；组织生产、管理劳动过程发生的费用；产品生产完工验收入库，计算产品的生产成本等。

二、生产费用与生产成本

1. 产品的生产费用与生产成本

生产费用与生产成本是密切联系而又有区别的两个概念。生产费用是指一定时期生产过程中发生的各项物质耗费。生产成本是指为生产一定种类和数量的产品发生的各项物质耗费，包括直接材料费用、直接人工费用和间接制造费用。生产费用和一定会计期间相联系，也就是说在某一会计期间为生产各种产品发生的全部资产耗费。生产成本是对象化了的生产费用，它与一定种类和数量的产品相联系。换言之，就是为生产一定数量的某种产品发生的物质耗费，它与哪个会计期间没有关系，只与何种产品有关。

2. 产品生产成本的计算

成本计算是会计核算方法之一，是指按照成本计算对象归集分配生产费用，计算产品的总成本和单位成本的一种方法。成本计算的内容主要包括：

（1）确定成本计算对象。即明确计算何种产品的成本。

（2）确定成本计算期。即明确核算哪个会计期间的生产费用。

（3）确定成本项目。即成本项目是指将生产费用按一定的经济用途划分的若干项目。通常分为直接材料费用、直接人工费用和间接制造费用。

（4）归集分配生产费用。即将日常发生的生产费用合理地记入有关成本费用账户。这个过程既是生产费用归集的过程也是生产费用分配的过程。

（5）计算完工产品的成本。即期末将生产费用在完工产品与在产品之间进行合理分配，并计算完工产品的总成本和单位成本。

本月完工产品成本 = 月初在产品成本 + 本月发生的生产费用 − 月末在产品成本

三、生产过程中主要经济业务的核算

1. 设置账户

（1）“生产成本”账户核算企业进行工业性生产发生的各项生产费用，按成本核算对象设置明细账，并按成本项目设置专栏。日常发生的各项直接生产费用以及月末转入的制造费用。应借记本科目；产品完工入库，结转生产成本，贷记本科目；期末借方余额，反映企业尚未加工完成的在产品的生产成本。

（2）“制造费用”账户核算企业生产车间为生产产品和提供劳务而发生的各项间接费用，如固定资产折旧、生产管理人员薪酬、物料消耗、水电支出等，可按不同费用项目进行明细核算。当发生或增加间接生产费用时，借记本科目；期末，将间接费用在受益产品之间进行分配并转入生产成本科目时，贷记本科目；本科目期末一般无余额。

生产过程的核算一般还会涉及“原材料”、“管理费用”、“应付职工薪酬”、“固定资产”、“累计折旧”等账户。

2. 生产过程中主要经济业务的核算

（1）材料费用的核算。月末会计人员先根据领料单、退料单编制材料发出汇总表和材料费用分配表；然后编制会计分录。

【例 4-14】 风帆公司本月材料费用分配表见表 4-1。

表 4-1 材料费用分配表

材料名称	用 途	金额/元	应借会计科目
甲材料	生产 A 产品	200 000	生产成本
乙材料	生产 B 产品	180 000	生产成本
丙材料	车间一般性消耗	4 000	制造费用
丁材料	行政管理部门耗用	2 000	管理费用

生产过程领用材料按其材料的用途记入成本费用账户的借方；同时库存材料减少记入“原材料”账户的贷方。根据材料费用分配表编制会计分录如下：

借：生产成本——A 产品　　200 000
　　　　　　——B 产品　　180 000
　　制造费用　　4 000
　　管理费用　　2 000
　贷：原材料——甲材料　　200 000
　　　　　　——乙材料　　180 000
　　　　　　——丙材料　　4 000
　　　　　　——丁材料　　2 000

“管理费用”账户核算企业为组织和管理企业生产经营活动所发生的管理费用，包括行政管理部门职工工资及福利费、物料消耗、办公费、差旅费、工会经费、聘请中介机构的费用、咨询费(含顾问费)、诉讼费、业务招待费、房产税、车船使用税、土地使用税、印花税、技术转让费、研究费用、排污费等。管理费用账户可按费用项目进行明细核算。企业确认发生管理费用时，借记本科目；期末将其借方余额结转入“本年利润”科目时，贷记本科目；结转后无余额。

（2）人工费用的核算。月末会计人员根据职工考勤表、产量记录、职工工资卡等编制工资结算表、工资结算汇总表和工资费用分配表；同时还要编制职工福利费、社会保险费、住房公积金计算表等，然后编制会计分录。

【例 4-15】 风帆公司期末计算确认当期应付给生产人员的薪酬为 133 000 元，其中 A 产品直接生产人员薪酬 48 000 元，B 产品直接生产人员薪酬 50 000 元，车间间接生产人员薪酬 14 000 元，行政管理部门人员薪酬 21 000 元。同时按工资总额的 14% 计提职工福利费。

企业计算确认应付职工薪酬时，一方面表明企业的成本费用增加，另一方面表明企业应付给职工的薪酬增加。会计分录如下：

借：生产成本——A 产品	48 000	
——B 产品	50 000	
制造费用	14 000	
管理费用	21 000	
贷：应付职工薪酬——工资		133 000
借：生产成本——A 产品	6 720	
——B 产品	7 000	
制造费用	1 960	
管理费用	2 940	
贷：应付职工薪酬——职工福利		18 620

“应付职工薪酬”账户核算企业根据有关规定应付给职工的各种薪酬。可按工资、职工福利、社会保险费、住房公积金等进行明细核算。当企业计算确认应付的职工薪酬时，贷记本科目；当企业实际支付职工薪酬时，借记本科目；本科目期末贷方余额，反映企业应付未付的职工薪酬。

【例 4-16】 12 月 3 日企业以银行存款支付 11 月份职工薪酬 129 000 元。

企业以银行存款支付职工薪酬，一方面引起企业银行存款减少，同时减少了企业的应付职工薪酬。会计分录如下：

借：应付职工薪酬——工资	129 000	
贷：银行存款		129 000

（3）折旧费用的核算。固定资产，是指同时具有下列特征的有形资产：①为生产商品、提供劳务、出租或经营管理而持有的；②使用寿命超过一个会计年度。折旧，是指在固定资产的使用寿命内，按照确定的方法对应折旧额进行的系统分摊。因此，企业在每个会计期间都要合理地计算折旧，计入当期成本费用。根据固定资产这样的特点，它的核算必须设置“固定资产”和“累计折旧”这样两个账户。

“固定资产”账户核算固定资产原始价值的增减变动，固定资产增加时记入借方；固定资产减少时记入贷方；期末余额在借方，表示期末企业固定资产的原始价值额。

“累计折旧”账户用来核算企业固定资产的累计折旧额，企业按月计提固定资产折旧时，贷记本科目；待固定资产报废、转让时，在冲销固定资产原价的同时，转销相应的累计折旧，借记本科目；期末贷方余额，反映企业固定资产的累计折旧额。

固定资产账户期末余额减去累计折旧账户期末余额称为固定资产账面价值，又称固定资产净值（折余价值）。

【例 4-17】风帆公司月末计提固定资产折旧，共计 20 000 元，其中企业管理部门的固定资产计提 3 000 元，生产车间的固定资产计提 17 000 元。

固定资产计提折旧一方面表明企业费用的增加，另一方面表明固定资产的累计折旧额的增加。会计分录如下：

借：制造费用　　17 000
　　管理费用　　3 000
　　贷：累计折旧　　20 000

（4）其他费用的核算。其他费用主要是指办公费、差旅费、修理费、水电费、劳保费等。费用发生以后，要按其性质不同在不同的账户进行核算。生产部门发生的费用记入“制造费用”账户，企业管理部门发生的费用记入“管理费用”账户。

风帆公司发生的几项相关业务如下，编制会计分录。

【例 4-18】12 月 10 日用银行存款 2 400 元购买办公用品，当即交付使用，其中企业管理部门领用 1 800 元，生产车间领用 600 元。会计分录如下：

借：制造费用　　600
　　管理费用　　1 800
　　贷：银行存款　　2 400

【例 4-19】12 月 10 日公司办公室刘勇出差预借差旅费 3 000 元，付现金。

企业借出差旅费是一种暂付款，一方面应在“其他应收款”科目的借方登记；另一方面应在“库存现金”科目贷方登记。会计分录如下：

借：其他应收款——刘勇　　3 000
　　贷：库存现金　　3 000

【例 4-20】12 月 15 日刘勇出差回来报销差旅费 2 850 元，交回现金 150 元结清借款。会计分录如下：

借：管理费用——差旅费　　2 850
　　库存现金　　150
　　贷：其他应收款——刘勇　　3 000

“其他应收款”账户核算商品交易劳务供应业务以外，形成的应收暂付款项。借方登记应收暂付款增加额，贷方登记减少额，余额在借方，反映月末企业应收暂付款的金额。该科目按不同的债务人设置明细账，进行明细核算。

【例 4-21】12 月 20 日用库存现金支付生产车间修理费 440 元，支付管理部门修理费 280 元。会计分录如下：

借：制造费用　　440
　　管理费用　　280
　　贷：库存现金　　720

【例 4-22】12 月 30 日用银行存款支付水电费 32 000 元，其中生产车间负担 20 000 元，企业管理部门负担 12 000 元。会计分录如下：

借：制造费用　　20 000
　　管理费用　　12 000

贷：银行存款　　　　　　　　　　　　　　　　　　　　　　　　　　　32 000

根据上述会计分录登记制造费用和生产成本明细账(其他略)，见表4-2。

表4-2　制造费用明细账

2012年		凭证		摘要	借方						贷方	余额
月	日	种类	号码		材料费	人工费	折旧费	办公费	水电费	其他		
12	10			支付办公费				600				600
	20			支付修理费						440		1 040
	30	(略)		支付水电费					20 000			21 040
	31			材料费用分配表	4 000							25 040
				工资费用分配表		14 000						39 040
				福利费分配表		1 960						41 000
				折旧计算表			17 000					58 000
12	31			结转制造费用	−4 000	−15 960	−17 000	−600	−20 000	−440	58 000	0

(5) 结转制造费用。日常发生的间接生产费用通过“制造费用”账户进行归集。月末，企业应将本月累计发生的制造费用在不同的产品之间进行分配，并将其转入相应的产品“生产成本”科目。间接生产费用的具体分配依据一般有产品数量、生产工时、生产工人工资等。制造费用分配按下列步骤完成：

1) 计算制造费用分配率。

制造费用分配率＝制造费用总额÷产品生产工时总和(产品生产工人工资总额等)

2) 某种产品应负担的制造费用＝该种产品生产工时(生产工人工资等)×制造费用分配率。

【例4-23】12月份累计发生的间接生产费用，由A产品和B产品共同承担共计58 000元(见制造费用明细账)。其中，A产品生产工时6 000小时，B产品生产工时4 000小时。月末，企业将上述间接生产费用进行分配，见表4-3。同时转入“生产成本”科目。

①计算制造费用分配率。

制造费用分配率＝58 000÷(6 000＋4 000)＝5.8

②计算A产品、B产品应负担的制造费用。

A产品应负担的制造费用＝6 000×5.8＝34 800(元)

B产品应负担的制造费用＝4 000×5.8＝23 200(元)

表4-3　制造费用分配表

产品名称	产品生产工时	分配率	分配金额
A产品	6 000		34 800
B产品	4 000		23 200
合　计	10 000	5.8	58 000

将间接生产费用分配转入产品的生产成本，则制造费用因分配结转而减少，生产成本增加。根据制造费用分配表编制会计分录如下：

借：生产成本——A产品　　　　　　　　　　　　　　　　　　　　34 800

——B 产品　　23 200

贷：制造费用　　58 000

根据会计分录登记生产成本明细账见表 4-4 和表 4-5。

表 4-4　A 产品生产成本明细账

产品品种：A 产品

2012 年 月	日	凭证号数	摘要	借方 直接材料	直接人工	制造费用	合 计
12	31	（略）	材料费用分配表	200 000			200 000
			工资费用分配表		48 000		48 000
			福利费分配表		6 720		6 720
			制造费用分配表			34 800	34 800
			本月合计	200 000	54 720	34 800	289 520
	31		结转完工产品成本	-200 000	-54 720	-34 800	-289 520

表 4-5　B 产品生产成本明细账

产品品种：B 产品

2012 年 月	日	凭证号数	摘要	借方 直接材料	直接人工	制造费用	合计
12	31	（略）	材料费用分配表	180 000			180 000
			工资费用分配表		50 000		50 000
			福利费分配表		7 000		7 000
			制造费用分配表			23 200	23 200
			本月合计	180 000	57 000	23 200	260 200
			结转完工产品成本	-180 000	-57 000	-23 200	-260 200

（6）月末结转完工产品成本。产品生产完工验收入库，一方面库存商品增加，另一方面生产过程中的产品减少，即生产成本减少。

“库存商品”账户核算企业库存的各种商品的实际成本，可按库存商品的种类、品种和规格等进行明细核算。企业产品完工入库时，借记本科目；因出售等原因而减少库存商品时，贷记本科目；期末借方余额，反映企业库存商品的实际成本。

表 4-6　产品成本汇总计算表

成本项目	A 产品 总成本/元	单位成本/元	B 产品 总成本/元	单位成本/元
直接材料	200 000	200	180 000	180
直接人工	54 720	54. 72	57 000	57
制造费用	34 800	34. 8	23 200	23. 2
产品生产成本	289 520	289. 52	260 200	260. 2

【例4-24】月末，根据产品成本汇总计算表见表4-6，结转入库产品的生成成本，编制会计分录。

产品完工入库，一方面表明库存商品增加，记入库存商品账户的借方；另一方面表明车间的在产品因完工而减少，记入生产成本账户的贷方。会计分录如下：

借：库存商品——A 产品　　289 520
　　　　　　——B 产品　　260 200
　贷：生产成本——A 产品　　289 520
　　　　　　　——B 产品　　260 200

单元小结

★ 生产费用是指一定时期生产过程中发生的各项物质耗费，包括直接材料费用、直接人工费用和间接制造费用。

★ 日常发生的各项直接生产费用记入“生产成本”账户；间接制造费用记入“制造费用”账户。会计分录：借记“生产成本”、“制造费用”科目；贷记有关科目。月末，将“制造费用”归集的间接费用按一定标准和比例分配转入“生产成本”。会计分录：借记“生产成本”科目；贷记“制造费用”科目。

★ 月末，将“生产成本”账户归集的生产费用按一定标准在完工产品与月末在产品之间分配。计算产成品的总成本和单位产品成本。结转完工产品成本的会计分录：借记“库存商品”科目；贷记“生产成本”科目。

第四单元　销售过程中的业务核算

单元情景

销售过程是产品价值实现的过程，只有把产品销售出去，才能收回资金，资金才能继续循环周转，企业才能给投资者以回报。所以加强销售过程的管理，尽快实现商品的价值，才能加速资金周转，提高企业经济效益。产品销售过程，要发生哪些业务，应设置哪些账户，该如何核算呢？

知识储备

一、销售过程的主要经济业务

产品生产完工以后就要进入销售过程，销售过程是产品价值实现过程。在这个过程中，企业一方面要按合同规定向购货单位发送商品；另一方面要确认实现的销售收入，与购货单位结算货款，结转销售成本，计算销售税金及附加，支付销售费用，确定销售的业务成果。此外，企业除了销售产品，有时还会发生一些其他销售业务，如销售多余的材料、出租固定资产等，这些业务也属于销售业务核算内容。因此，营业收入按其主次分为主营业务收入和其他业务收入两类。

二、产品销售业务的核算

1. 账户设置

（1）“主营业务收入”账户核算企业确认的销售商品、提供劳务等主营业务形成的收入，可按主营业务的种类进行明细核算。企业确认实现营业收入时，贷记本科目；期末应将其余额转入“本年利润”科目，结转时借记本科目；结转后无余额。

(2)“主营业务成本”账户核算企业确认销售商品、提供劳务等主营业务收入时应结转的成本，可按主营业务的种类进行明细核算。企业确认发生的主营业务成本时，借记本科目；期末应将其余额转入“本年利润”科目，结转时贷记本科目；结转后无余额。

(3)“营业税金及附加”账户核算企业经营活动发生的营业税、消费税、城市维护建设税和教育费附加等相关税费。企业按规定计算确定与经营活动相关的税费时，借记本科目；期末应将其余额转入“本年利润”科目，结转时贷记本科目；结转后无余额。

(4)“销售费用”账户核算企业销售商品和材料、提供劳务的过程中发生的各种费用，包括保险费、包装费、广告费、运输费、装卸费等以及为销售本企业商品而专设的销售机构(含销售网点、售后服务网点等)的职工薪酬、业务费、折旧费等经营费用。本科目可按费用项目进行明细核算。企业在销售商品过程中发生各种经营费用时，借记本科目；期末应将其余额转入“本年利润”科目，结转时贷记本科目；结转后无余额。

(5)“其他业务收入”账户核算企业确认的除主营业务活动以外的其他经营活动实现的收入，包括出租固定资产、销售材料等业务收入，可按其他业务收入种类进行明细核算。企业确认实现其他业务收入时，贷记本科目；期末应将其余额转入“本年利润”科目，结转时借记本科目；结转后无余额。

(6)“其他业务成本”账户核算企业确认的除主营业务活动以外的其他经营活动所发生的支出，包括销售材料的成本、出租固定资产的折旧额等，可按其他业务成本的种类进行明细核算。企业确认发生其他业务成本时，借记本科目；期末应将其余额转入“本年利润”科目，结转时贷记本科目；结转后无余额。

2. 销售过程主要经济业务的核算

风帆公司2012年12月份发生如下的销售业务。

(1) 主营业务收入的核算。

【例4-25】12月4日将一批产品售出，售价300 000元，增值税税率17%，价税合计351 000元，已划入存款账户。

企业将产品售出，实现营业收入，记入“主营业务收入”账户的贷方；同时收到货款，记入“银行存款”账户的借方。另外，企业应按收入的一定比率计算应缴纳的增值税额，即在企业营业收入增加的同时，还应确认一笔负债(应交税费)。会计分录如下：

借：银行存款　　351 000

　　贷：主营业务收入　　300 000

　　　　应交税费——应交增值税(销项税额)　　51 000

【例4-26】12月20日销售产品一批，售价100 000元，增值税税率17%，价税合计117 000元，商品发出货款尚未收到。会计分录如下：

借：应收账款　　117 000

　　贷：主营业务收入　　100 000

　　　　应交税费——应交增值税(销项税额)　　17 000

(2) 其他业务收入的核算。

【例 4-27】12 月 21 日将一批多余原材料售出，售价(不含税)50 000 元，增值税税率 17%，价税合计 58 500 元收妥入账。

企业销售材料属于其他业务收入，记入“其他业务收入”科目的贷方；同时还产生一笔负债(应交税费)。会计分录如下：

借：银行存款　　58 500

　　贷：其他业务收入　　50 000

　　　　应交税费——应交增值税(销项税额)　　8 500

(3) 销售费用的核算。

【例 4-28】12 月 21 日用银行存款支付产品广告费 15 000 元。

企业支付广告费，一方面银行存款减少记入“银行存款”账户的贷方，同时销售费用增加记入“销售费用”账户的借方。会计分录如下：

借：销售费用　　15 000

　　贷：银行存款　　15 000

(4) 其他税费的核算。

企业经营活动过程中还会发生的营业税、消费税、城市维护建设税和教育费附加等相关税费。

【例 4-29】月末经计算，企业当期应缴纳城市维护建设税 2 400 元，教育费附加 800 元。

企业因销售商品必须承担相应的纳税义务，由此而产生的费用增加记入“营业税金及附加”科目的借方，同时确认相应的负债(应交税费)增加。会计分录如下：

借：营业税金及附加　　3 200

　　贷：应交税费——应交城市维护建设税　　2 400

　　　　　　　　——教育费附加　　800

(5) 销售成本的核算。销售成本是指已销售产品的生产成本，或其他业务的成本。

【例 4-30】月末结转已销售商品的生产成本为 280 000 元。

企业销售了商品，库存商品减少，应记入“库存商品”科目的贷方；同时主营业务成本增加应记入“主营业务成本”科目的借方。会计分录如下：

借：主营业务成本　　280 000

　　贷：库存商品　　280 000

【例 4-31】月末结转售出材料的账面成本 45 000 元。

企业销售了材料，库存材料减少，其他业务成本增加。会计分录如下：

借：其他业务成本　　45 000

　　贷：原材料　　45 000

单元小结

★ 销售过程中的主要经济业务。

★ 销售过程中的主要经济业务的账户设置。

★ 销售过程中的业务核算。

第五单元　利润形成和利润分配的业务核算

单元情景

产品通过销售实现收入，一定时期(一个月或一年)的收入减去费用就是利润(或亏损)，实现利润以后按税法的规定要向国家缴纳所得税，税后利润要在企业、投资者之间进行分配，这些业务应如何核算呢?

知识储备

一、利润的构成与核算

1. 利润的含义及构成

利润是企业在一定会计期间的经营成果，包括收入减去费用后的净额，直接计入当期利润的利得和损失等。营业利润、利润总额和净利润的关系如下：

(1) 营业利润。

营业利润 = 营业收入 - 营业成本 - 营业税金及附加 - 销售费用 - 管理费用 - 财务费用 + 投资收益

营业利润是企业利润的主要组成部分。其中营业收入包括主营业务收入和其他业务收入；营业成本包括主营业务成本和其他业务成本；投资收益是企业购买股票债券、对外投资获得的收益。

(2) 利润总额。

利润总额 = 营业利润 + 营业外收支净额

营业外收支净额 = 营业外收入 - 营业外支出

营业外收入是指与企业生产经营活动没有直接关系的利得，主要包括非流动资产处置利得、非货币性资产交换利得、债务重组利得、政府补助、盘盈利得、捐赠利得等。

营业外支出是指与企业生产经营活动没有直接关系的损失，主要包括非流动资产处置损失、非货币性资产交换损失、债务重组损失、公益性捐赠支出、非常损失、盘亏损失等。

(3) 净利润。

净利润 = 利润总额 - 所得税费用

企业实现利润以后，要依照税法的规定向国家缴纳所得税。利润总额减去所得税费用就是净利润。

2. 账户设置

(1)“营业外收入”账户，核算企业发生的各项营业外收入，可按营业外收入项目进行明细核算。企业确认实现营业外收入时，贷记本科目；期末将余额转入“本年利润”科目时，借记本科目；结转后无余额。

(2)“营业外支出”账户，核算企业发生的各项营业外支出，可按支出项目进行明细核算。企业确认发生营业外支出时，借记本科目；期末，将余额转入“本年利润”科目时，贷记本科目；结转后无余额。

（3）“投资收益”账户，核算企业确认的投资收益或投资损失，可按投资项目进行明细核算。企业获得投资收入时，贷记本科目；产生投资损失时的，借记本科目；期末将余额转入“本年利润”科目时，借记或贷记本科目；结转后无余额。

（4）“所得税费用”账户，核算企业确认的应从当期利润总额中扣除的所得税费用。企业按照税法规定计算确定当期的应交所得税时，借记本科目；期末将余额转入“本年利润”科目时，贷记本科目；结转后无余额。

（5）“本年利润”账户，核算企业当期实现的净利润（或发生的净亏损）。企业期（月）末结转利润时，应将各损益类科目的金额转入本科目，结平各损益类科目。结转后本科目的贷方余额为当期实现的净利润；借方余额为当期发生的净亏损。年度终了，将“本年利润”科目的贷方余额转入“利润分配”科目时借记本科目；或将“本年利润”科目的借方余额转入“利润分配”科目时，贷记“本年利润”科目；结转后本科目应无余额。

3. 利润形成的核算

（1）营业外收支的核算。

【例 4-32】12 月 31 日将一笔确实无法支付的应付款项 320 元核销。

企业核销应付款时负债减少，记入“其他应付款”科目的借方；同时记入“营业外收入”科目的贷方。会计分录如下：

借：其他应付款　　320

　　贷：营业外收入　　320

【例 4-33】12 月 31 日用银行存款支付合同违约金 1 500 元。

支付违约金记入“银行存款”科目的贷方，同时记入“营业外支出”科目的借方。会计分录如下：

借：营业外支出　　1 500

　　贷：银行存款　　1 500

（2）投资收益的核算。

【例 4-34】12 月 31 从联营企业分得红利 12 000 元，存入银行。

企业分得红利存入银行，记入“银行存款”账户的借方；同时红利是企业的投资收益，记入“投资收益”科目的贷方。会计分录如下：

借：银行存款　　12 000

　　贷：投资收益　　12 000

（3）利润的核算。月末企业应将损益类账户的余额转入“本年利润”。结转以后损益类账户月末无余额。风帆公司 2012 年 12 月末损益类账户结转前的余额见表 4-7。

表 4-7 损益类账户余额表

账户名称	借方发生额	贷方发生额
主营业务收入		400 000
其他业务收入		50 000
投资收益		12 000
营业外收入		320
主营业务成本	280 000	

（续）

账户名称	借方发生额	贷方发生额
其他业务成本	45 000	
营业税金及附加	3 200	
销售费用	15 000	
管理费用	42 930	
财务费用	1 200	
营业外支出	1 500	

【例 4-35】月末将本月的收入和费用分别转入“本年利润”。

收入在发生时记入收入类科目的贷方，在期末则应全额从借方转出，记入“本年利润”科目的贷方。会计分录如下：

借：主营业务收入　　400 000
　　其他业务收入　　50 000
　　营业外收入　　320
　　投资收益　　12 000
　　贷：本年利润　　462 320

费用在发生时记入费用类科目的借方，在期末则应全额从贷方转出，记入“本年利润”科目的借方。会计分录如下：

借：本年利润　　388 830
　　贷：主营业务成本　　280 000
　　　　其他业务成本　　45 000
　　　　营业税金及附加　　3 200
　　　　销售费用　　15 000
　　　　管理费用　　42 930
　　　　财务费用　　1 200
　　　　营业外支出　　1 500

“本年利润”账户的贷方发生额减去借方发生额后的余额（462 320 元 - 388 830 元 = 73 490 元），即本月利润总额。

4. 所得税费用的核算

企业计算完利润总额以后，按照税法的规定，应计算本月应交所得税，并结转所得税费用，按规定及时上缴国库。

【例 4-36】按利润总额的 25%，计算并结转所得税费用。

本月应交所得税费用 = 73 490 × 25% = 18 372.50（元）

企业计算确定应交所得税，表明企业应缴税费增加；同时企业产生的所得税费用也增加。会计分录如下：

借：所得税费用　　　　　　　　　　　　　　　　　　18 372.5
　　贷：应交税费——应交所得税　　　　　　　　　　　　18 372.5

结转所得税费用，会计分录如下：

借：本年利润　　　　　　　　　　　　　　　　　　18 372.5
　　贷：所得税费用　　　　　　　　　　　　　　　　　18 372.5

年末，企业应将“本年利润”的余额转入“利润分配——未分配利润”。假定本年度实现净利润718 000元，结转“本年利润”的会计分录如下：

借：本年利润　　　　　　　　　　　　　　　　　　718 000
　　贷：利润分配——未分配利润　　　　　　　　　　　　718 000

若企业当年发生亏损，则“本年利润”的余额应在借方，结转时会计分录如下：

借：利润分配——未分配利润
　　贷：本年利润

二、利润分配的核算

1. 利润分配的顺序

利润分配是指企业根据国家的相关法律规定以及企业章程和投资者的决议，对企业当年可供分配的利润所做的分配。

利润总额也称税前利润，减去所得税费用后的余额等于净利润。净利润也称税后利润。企业首先按税后净利润的一定比例提取盈余公积；其次，向投资者分配利润。结余的未分配利润形成企业留存收益的一部分。

2. 账户设置

（1）“利润分配”账户核算企业利润的分配（或亏损的弥补）和历年分配（或弥补）后的余额。本科目应当分别按提取法定盈余公积、提取任意盈余公积、应付现金股利或利润和未分配利润等进行明细核算。年度终了，企业应将本年实现的净利润，自“本年利润”科目转入“利润分配”贷方，如果是净亏损做相反的会计分录；企业按规定提取盈余公积、向股东或投资者分配现金股利或利润等时，应借记本科目；若“未分配利润”明细科目余额在贷方，表示留待以后年度分配的利润；若在借方，则表示尚未弥补的亏损。

（2）“盈余公积”账户核算企业从净利润中提取的盈余公积。企业应当分别设置法定盈余公积、任意盈余公积进行明细核算；企业按规定提取盈余公积时，贷记本科目；用盈余公积弥补亏损、转增资本、分配股利或利润时，借记本科目；本科目期末贷方余额，反映企业的盈余公积余额。

（3）“应付股利”账户核算企业分配的现金股利或利润，可按投资者进行明细核算。企业根据股东大会或类似机构审议批准的利润分配方案确认应支付的现金股利或利润时，贷记本科目；实际支付现金股利或利润时，借记本科目。本科目期末贷方余额，反映企业应付未付的现金股利或利润。

3. 利润分配的核算

【例4-37】风帆公司当年的利润分配方案：按净利润的10%提取法定盈余公积金；按净利润的15%提取任意盈余公积金；按当年净利润的50%向投资者分配，剩余部分留待以后年度分配。

(1) 当年提取的法定盈余公积 = 718 000 × 10% = 71 800(元)。

(2) 当年提取的任意盈余公积 = 718 000 × 15% = 107 700(元)。

(3) 当年应向投资者分配的利润 = 718 000 × 50% = 359 000(元)。

(4) 留待以后年度分配的利润 = 718 000 − 71 800 − 107 700 − 359 000 = 179 500(元)。

编制会计分录如下：

借：利润分配——提取法定盈余公积　　71 800
　　　　　　——提取任意盈余公积　　107 700
　　　　　　——应付现金股利　　359 000
　贷：盈余公积——法定盈余公积　　71 800
　　　　　　——任意盈余公积　　107 700
　　　　　　——应付股利　　359 000

【例 4-38】 风帆公司用银行存款支付所得税 18 372.50 元；向投资者发放股利359 000 元。

用银行存款上交所得税，银行存款减少，记入“银行存款”账户的贷方；同时企业的负债，应交税费、应付股利减少，记入“应交税费”、“应付股利”账户的借方。

借：应交税费——应交所得税　　18 372.50
　　应付股利　　359 000
　贷：银行存款　　377 372.05

单元小结

★　利润的含义及利润的构成。

★　利润的形成和分配的账户设置。

★　利润形成的核算。

★　利润分配、利润分配的顺序、利润分配的核算。

模块五
会计凭证

学习目标

1. 知识目标：了解会计凭证的含义、分类；了解会计凭证的基本内容；掌握会计凭证的填制审核要点；了解会计凭证的装订和归档。

2. 能力目标：能填制、审核原始凭证；能编制、审核记账凭证。

3. 素质目标：客观公正，实事求是，增强服务意识。

第一单元　认识会计凭证

单元情景

老师拿来许多票证：购物的发票、乘车的车票、支票、领料单、收款凭证、付款凭证、转账凭证。它们和会计工作有什么关系呢？

知识储备

一、会计凭证的含义

会计凭证是记录经济业务、明确经济责任的书面证明，是登记账簿的依据。企业单位每发生一笔经济业务，都必须由执行或完成该项经济业务的人员取得或填制会计凭证，说明经济业务发生的时间、内容，并由经办人员在凭证上签名或盖章，以对凭证上所记载的内容负责。例如，购买商品必须有发票；支出款项由收款方开出收据；商品、物资验收入库要填制收货单；发出商品要填制发货单。这些发票、收据、收货单、发货单等，以及根据这些单据编制的收款凭证、付款凭证、转账凭证等都是会计凭证。

所有会计凭证都必须认真填制，同时还得经过有关部门严格审核，只有审核无误的会计凭证才能作为经济业务发生或完成的证明，才能作为登记账簿的依据。

二、会计凭证的作用

通过上述说明，会计凭证的作用可以概括为：记录经济业务的发生和完成情况，为会计核算提供原始依据；检查经济业务的真实性、合法性和合理性，为会计监督提供重要依据；

明确经济责任，为落实岗位责任制提供重要依据；反映相关经济利益关系，为维护合法权益提供法律证据；监督经济活动，控制经济运行。

三、会计凭证的分类

经济业务纷繁复杂决定了会计凭证多种多样。会计凭证按照编制的程序和用途不同，分为原始凭证和记账凭证。

单元小结

★　会计凭证的含义、作用。

★　会计凭证的分类。

第二单元　填制与审核原始凭证

单元情景

老师：入库单、领料单、存货盘点表等单据，会计上称为原始凭证。你会填写吗？收到购物发票、差旅费报销单等单据，能发现填写过程中存在的问题吗？这些单据合理合法吗？

知识储备

一、原始凭证概述

1. 原始凭证的含义

原始凭证是经济业务发生或完成时取得或填制的，用以记录或证明经济业务发生或完成情况，明确经济责任的会计凭证。如出差乘坐的车船票、采购材料的发货票、企业的领料单等，都是原始凭证。

2. 原始凭证的基本内容

经济业务多种多样，反映其具体内容的原始凭证也就种类繁多。但是，无论哪一种原始凭证，都应该说明有关经济业务的执行和完成情况，都应该明确有关经办人员和经办单位的经济责任。因此，各种原始凭证，尽管名称和格式不同，大小不一，但都应该具备一些共同的基本内容。一般包括如下内容。

（1）原始凭证的名称。

（2）填制原始凭证的日期和凭证编号。

（3）接受凭证的单位或个人的名称。

（4）经济业务内容、数量、单价、金额。

（5）填制原始凭证的单位和经办人员的签名或盖章。

在实际工作中，各单位根据会计核算和管理的需要，可自行设计印制适合本单位需要的各种原始凭证。但是对于在一个地区范围内经常发生的大量同类经济业务，应由各主管部门统一设计印制原始凭证。例如，由银行统一印制的银行汇票、转账支票和现金支票等，由铁路部门统一印制的火车票，由税务部门统一印制的有税务登记的发票，由财政部门统一印制的收款收据等。这样，可以使原始凭证的内容格式统一，便于监督管理。

3. 原始凭证的分类

纷繁复杂的经济业务导致原始凭证的种类繁多，为了更好地认识和使用原始凭证，必须按照一定标准对原始凭证进行分类。

（1）原始凭证按其来源不同分类，可以分为外来原始凭证和自制原始凭证两种。

外来原始凭证是在经济业务活动发生或完成时，从其他单位或个人直接取得的原始凭证。例如，增值税专用发票、火车票、由银行转来的结算凭证和对外支付款项时取得的收据等，都是外来原始凭证，如图 5-1 和图 5-2 所示。

河北省增值税专用发票　　No：03909810004500

开票日期：　　年　　月　　日

<table>
<tr><td rowspan="4">购
货
单
位</td><td colspan="3">名　　称：</td><td rowspan="4" colspan="1">密
码
区</td><td colspan="3" rowspan="4"></td></tr>
<tr><td colspan="3">纳税人识别号：</td></tr>
<tr><td colspan="3">地 址 、电 话 ：</td></tr>
<tr><td colspan="3">开户行及账号：</td></tr>
<tr><td colspan="2">货物或应税劳务名称</td><td>规格型号</td><td>单位</td><td>数量</td><td>金　额</td><td>税　率</td><td>税　额</td></tr>
<tr><td colspan="2"></td><td></td><td></td><td></td><td></td><td></td><td></td></tr>
<tr><td colspan="8">价税合计（大写）　拾万　万　仟　佰　拾　元　角　分　（小写）¥：</td></tr>
<tr><td rowspan="4">销
货
单
位</td><td colspan="4">名　　称：</td><td rowspan="4" colspan="2">备
注</td><td rowspan="4"></td></tr>
<tr><td colspan="4">纳税人识别号：</td></tr>
<tr><td colspan="4">地 址 、电 话 ：</td></tr>
<tr><td colspan="4">开户行及账号：</td></tr>
</table>

收款人：　　复核：　　开票人：　　销货单位：（章）

图 5-1　河北省增值税专用发票

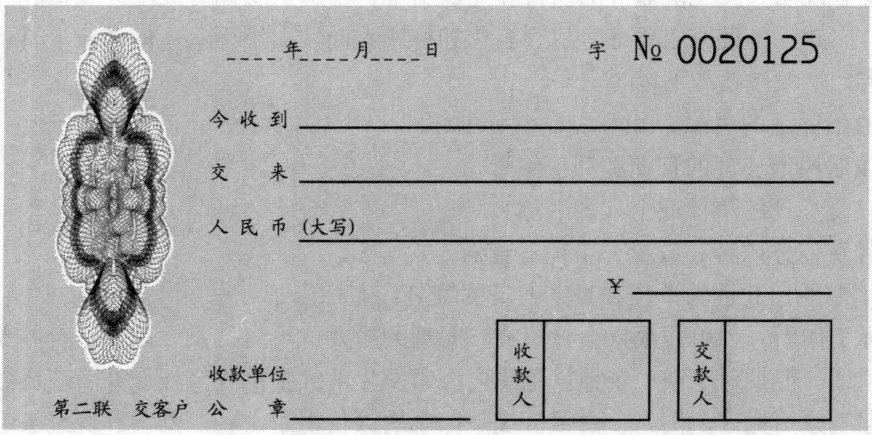
____年____月____日　　字　№ 0020125

今 收 到 ____________

交　 来 ____________

人 民 币 （大写）____________

¥ ____________

收款单位　　收款人　　交款人

第二联　交客户　公　　章 ____________

图 5-2　收据

自制原始凭证是指本单位内部具体经办业务的部门和人员，在执行或完成某项经济业务时所填制的原始凭证，如收料单、领料单、产品入库单、工资结算表等。其格式如图 5-3 和图 5-4 所示。

收 料 单

材料类别：原材料　　　　　　2012 年 1 月 6 日

材料编号	名　称	规格	计量单位	数　量		实　际　成　本				
				应收	实收	买　价		运杂费	其他	合　计
						单价	金额			
0202	木材		m^3	50	50	1 200	60 000	800		60 800

采购员：王伟　　　　　　验收人：李立

图 5-3　收料单

领　料　单

2012 年 1 月 10 日　　　　　　编号：009

编号	类别	材料名称	规　格	计量单位	数量		实际成本	
					请领	实发	单价	金额
0202	原材料	木材		m^3	6	6. 30	1 216	7 660. 80
合　计					6	6. 30		7 660. 80
用途	生产 A　产品				领料部门		发料部门	
					负责人	领料人	核准人	发料人
					张刚	刘亮	李佳	王浩

图 5-4　领料单

（2）原始凭证按其填制方法不同分类，可以分为一次凭证、累计凭证和汇总凭证三种。

一次凭证是指一次填制完成的原始凭证。它反映一笔经济业务或同时反映若干同类经济业务的内容。外来原始凭证均属一次凭证，日常的原始凭证多属此类，如发货票、收料单等。

累计凭证是指在一张凭证上连续登记一定时期内不断重复发生的若干同类经济业务，直到期末才能填制完毕的原始凭证。累计凭证可以连续登记相同性质的经济业务，随时计算出累计数及结余数，期末按实际发生额记账。如限额领料单，其格式如图 5-5 所示。

汇总凭证，也叫原始凭证汇总表，是根据许多同类经济业务的原始凭证或会计核算资料定期加以汇总而编制的原始凭证。如原材料耗用汇总表、工资结算汇总表，其格式如图 5-6 和图 5-7 所示。

（企业名称）

限额领料单

领料车间：装配车间　　　　　　　　　　　　　　　　材料类别：黑色金属
用　　途：生产 M 产品　　　　2012 年 10 月　　　　仓　　库：4#

材料编号	材料名称	规格	计量单位	领用限额	实际领用			备注
					数量	单价	金额	
01206	圆钢	ϕ20 mm	kg	3 600	3 600	2. 80	10 080. 00	

日期	请领		实发			退库			限额结余
	数量	领料负责人签章	数量	发料人签章	领料人签章	数量	收料人签章	退料人签章	
10/5	700	×××	700	×××	×××				2 900
10/10	700	×××	700	×××	×××				2 200
10/15	700	×××	700	×××	×××				1 500
10/20	700	×××	700	×××	×××				800
10/25	700	×××	700	×××	×××				100
10/31	700	×××	700	×××	×××				0
合计	3 600		3 600						0

生产部门负责人：×××　　　　供应部门负责人：×××　　　　仓库负责人：×××

图 5-5　限额领料单

原材料耗用汇总表　　　　（单位：元）

耗用部门及用途	原材料名称				合　计
	甲材料	乙材料	辅助材料	周转材料	
A 产品耗用	100 000		15 000		115 000
B 产品耗用		50 000		4 000	54 000
车间一般耗用	4 000				4 000
管理部门耗用	6 000				6 000
合　计	110 000	50 000	15 000	4 000	179 000

图 5-6　原材料耗用汇总表

工资结算汇总表 2012 年 9 月

部门	基本工资	奖金	加班工资	缺勤扣款	应发工资	代扣款项					实发金额
						养老保险	医疗保险	失业保险	住房公积金	合计	
生产工人	120 000	8 000	4 000	2 000	130 000	10 400	2 600	1 300	13 000	27 300	102 700
车间管理人员	30 000	1 000			31 000	2 480	620	310	3 100	6 510	24 490
管理部门	28 000	700		200	28 500	2 280	570	285	2 850	5 985	22 515
销售部门	60 000	5 000	3 000	500	67 500	5 400	1 350	675	6 750	14 175	53 325
机修车间	12 000	300		300	12 000	960	240	120	1 200	2 520	9 480
合计	250 000	15 000	7 000	3 000	269 000	21 520	5 380	2 690	26 900	56 490	212 510

图 5-7 工资结算汇总表

根据上述原始凭证的分类，归纳如图 5-8 所示。

- 原始凭证的分类
  - 按来源不同划分
    - 外来原始凭证
    - 自制原始凭证
  - 按填制方法划分
    - 一次凭证
    - 累计凭证
    - 汇总凭证

图 5-8 原始凭证的分类

二、原始凭证的填制

1. 原始凭证填制的原则

原始凭证是进行会计核算的依据，为了保证原始凭证能够清晰地反映各项经济业务的真实情况，原始凭证的填制必须符合以下要求：

（1）记录要真实。原始凭证上填制的日期、经济业务内容和数字必须是经济业务发生或完成的实际情况，不得弄虚作假。

（2）填制要及时。经济业务实际发生或完成时，有关部门和人员必须及时填写原始凭证，做到不拖延、不积压，不事后补填，并按规定的程序审核传递。

（3）内容要完整。原始凭证应该填写的项目要逐项填写，不能遗漏；名称要写全称，不要简化；品名和用途要填写明确，不能含糊不清；有关部门和人员的签名和盖章必须齐全。

（4）书写要规范。原始凭证中的文字、数字的书写要清晰正确，字迹要端正、易于辨认。大小写金额要一致。金额数字不得随笔连写，空白金额行应加斜线注销，合计金额前要加人民币符号"￥"；一式几联的原始凭证，应当注明各联的用途，复写要全部写透。

2. 原始凭证填写的技术要求

（1）一联的凭证只能使用蓝、黑墨水填写；一式几联的发票和收据，必须使用双面复写纸套写，套写时可以使用圆珠笔填写。

（2）签证签章要求。从外单位取得的原始凭证，必须要有填制单位的公章。从个人取得的原始凭证，必须要有填制人员的签名或者盖章。对外开出的原始凭证，必须加盖单位公章。

（3）凭证附件要求。购买实物的原始凭证，必须由验收人员签章。

（4）金额书写要求。大小写金额书写要规范。小写金额的阿拉伯数字要逐个填写，不得连写；金额前面要冠以人民币符号“￥”，中间不得留空位；元以后要写到角分，无角分的要以0补位；凡阿拉伯数字前写有币种符号的，数字后面不再写货币单位。

（5）多联凭证要求。一式几联的原始凭证，应当注明各联的用途，只能以一联作为报销凭证。

（6）退货退款要求。发生销货退回时，除填制退货发票外，还必须有退货验收证明。

（7）原始凭证不得涂改、挖补。

三、原始凭证的审核

为了正确反映和监督各项经济业务，财务部门对取得的原始凭证，必须进行严格审核和核对，保证核算资料的真实、合法、完整。只有经过审核无误的原始凭证，方可作为编制记账凭证登记账簿的依据。原始凭证的审核，一般应从以下两方面进行：

（1）审核原始凭证所反映经济业务的真实性和合法性。这种审核是以有关法律法规、政策、制度、合同、协议等为依据。审查凭证所记录的经济业务是否符合有关规定，有无虚报冒领、伪造凭证等违法乱纪现象，有无违反政策和标准的行为等。对于不合法、不真实的原始凭证，财会人员应拒绝受理。情节严重的还应向有关领导或部门汇报。

（2）审核原始凭证的填制是否符合规定的要求。

1）审查所用的凭证是否符合规定。例如，购物发票要使用税务机关统一印制的或机打发票，不能使用收据。

2）审查凭证的内容填写是否齐全，对于内容不完整的凭证，会计人员应要求经办人补齐。

3）审查有关人员和单位的签字盖章是否符合要求，不符合要求的原始凭证应由当事人或单位更改或重填。

4）审查凭证上的金额和数字是否正确，金额数字有误的，要退还给原编制凭证的单位或个人重新填写。

单元小结

★ 原始凭证的含义、分类。

★ 原始凭证的填制、审核。

第三单元　填制与审核记账凭证

单元情景

老师：收款凭证、付款凭证、转账凭证这几种会计凭证有什么用途？应该如何填制审核呢？

知识储备

一、记账凭证

1. 记账凭证的含义

记账凭证是会计人员根据审核后的原始凭证进行归类、整理，并确定会计分录而编制的会计凭证，是登记账簿的依据。由于原始凭证只表明了经济业务的内容，而且种类繁多、数量庞大、格式不一，因此不能直接记账。必须按会计核算方法的要求，将其归类、整理、编制记账凭证，说明经济业务应计入的账户名称及应借应贷的金额。然后登记账簿，并将相关的原始凭证附在后面。这样不仅可以简化记账工作、减少差错，而且有利于原始凭证的保管，便于对账和查账，提高会计工作质量。

2. 记账凭证的基本内容

记账凭证是会计人员根据审核无误的原始凭证或汇总原始凭证编制的，明确经济业务发生应借、应贷会计科目和金额的记账凭证，是登记账簿的依据，因此它必须具备如下基本内容：

（1）记账凭证的名称。

（2）填制凭证的日期、凭证编号。

（3）经济业务的内容摘要。

（4）应借应贷科目的名称和金额。

（5）附件张数。

（6）会计主管、记账、复核、出纳、制单等有关人员的签名或盖章。

二、记账凭证的分类

记账凭证按其反映的经济内容不同，分为专用记账凭证和通用记账凭证两类，如图 5-9 所示。

- 记账凭证（按反映的经济业务内容）
  - 专用记账凭证
    - 收款凭证
      - 现金收款凭证
      - 银行存款收款凭证
    - 付款凭证
      - 现金付款凭证
      - 银行存款付款凭证
    - 转账凭证
  - 通用记账凭证

图 5-9　记账凭证分类

1. 专用记账凭证

专用记账凭证是用来专门记录某一类经济业务的记账凭证。专用凭证按其所记录的经济业务是否与现金和银行存款的收付有无关系，又分为收款凭证、付款凭证和转账凭证三种。

（1）收款凭证。收款凭证是根据收入现金和银行存款的原始凭证编制的记账凭证。对于收付款业务较多的企业，可以将收款凭证分为现金收款凭证和银行存款收款凭证，其格式如图 5-10 ~ 5-12 所示。

收　款　凭　证

借方科目　　　　　　　　年　月　日　　　　　　　　字第　　号

摘　要	贷方总科目	明细科目	借或贷	金额										
				亿	千	百	十	万	千	百	十	元	角	分
合　计														

附单据　张

财务主管　　记账　　出纳　　审核　　制单

图 5-10　收款凭证

现金收款凭证

借方科目:库存现金　　　　年　月　日　　　　　　　　字第　　号

摘　要	贷方总科目	明细科目	借或贷	金额										
				亿	千	百	十	万	千	百	十	元	角	分
合　计														

附单据　张

财务主管　　记账　　出纳　　审核　　制单

图 5-11　现金收款凭证

银行存款收款凭证

借方科目:银行存款　　　　　　年　月　日　　　　　　字第　号

摘　要	贷方总科目	明细科目	借或贷	金　额										
				亿	千	百	十	万	千	百	十	元	角	分
合　计														

附单据　张

财务主管　　记账　　出纳　　审核　　制单

图 5-12　银行存款收款凭证

（2）付款凭证。付款凭证是根据支付现金和银行存款的原始凭证编制的记账凭证。对于收付款业务比较多的企业，还可以将付款凭证分为现金付款凭证和银行存款付款凭证。付款凭证格式如图 5-13 ~ 图 5-15 所示。

（3）转账凭证。转账凭证是根据不涉及现金和银行存款业务的原始凭证编制的记账凭证。转账凭证格式如图 5-16 所示。

2. 通用记账凭证

小型企业经济业务不多，经济业务不再划分为收款业务、付款业务和转账业务，会计人员根据审核无误的原始凭证只编制一种记账凭证，即通用记账凭证，如图 5-17 所示。

付　款　凭　证

贷方科目　　　　　　　　年　月　日　　　　　　付字第　号

摘　要	借方总科目	明细科目	借或贷	金　额										
				亿	千	百	十	万	千	百	十	元	角	分
合　计														

附单据　张

记账　　出纳　　审核

图 5-13　付款凭证

现金付款凭证

贷方科目:库存现金　　　　年　月　日　　　　付字第　　号

摘　要	借方总科目	明细科目	借或贷	金额											
				亿	千	百	十	万	千	百	十	元	角	分	
															附单据
															张
合　计															

记账　　　　出纳　　　　审核

图 5-14　现金付款凭证

银行存款付款凭证

贷方科目:银行存款　　　　年　月　日　　　　付字第　　号

摘　要	借方总科目	明细科目	借或贷	金额											
				亿	千	百	十	万	千	百	十	元	角	分	
															附单据
															张
合　计															

记账　　　　出纳　　　　审核

图 5-15　银行存款付款凭证

转　账　凭　证

年　月　日　　　　转字第　　号

摘　要	会计科目	明细科目	√	借方金额											√	贷方金额											
				亿	千	百	十	万	千	百	十	元	角	分		亿	千	百	十	万	千	百	十	元	角	分	
																											附单据
																											张
合　计																											

财务主管　　　记账　　　出纳　　　审核　　　制单

图 5-16　转账凭证

记 账 凭 证

年 月 日 字第 号

摘 要	会计科目	明细科目	√	借方金额											√	贷方金额										
				亿	千	百	十	万	千	百	十	元	角	分		亿	千	百	十	万	千	百	十	元	角	分
合 计																										

附单据 张

财务主管 记账 出纳 审核 制单

图 5-17 通用记账凭证

三、记账凭证的填制

1. 记账凭证的填制要求

填制记账凭证是一项重要的会计工作，为了便于登记账簿，保证账簿记录的正确性，填制记账凭证应符合以下要求：

（1）审核依据的原始凭证。除结账和更正错账的记账凭证可以不附原始凭证外，记账凭证应根据审核无误的原始凭证进行填制。每张记账凭证可以根据一张原始凭证填制，也可以根据几张同内容和类别的原始凭证汇总填制；或者根据原始凭证汇总表填制。但是，不能将几张不同内容和类别的原始凭证汇总填制记账凭证。

一张原始凭证如果涉及几张记账凭证的，可以将原始凭证附在一张主要的记账凭证后面，并在该主要记账凭证摘要栏内注明“本凭证附件包括××号记账凭证业务”字样，并在其他记账凭证上注明该主要记账凭证的编号，或者附上该原始凭证的复印件，以便复核查阅。

如果一张原始凭证所列的支出需要由两个以上的单位共同负担时，应当由保存该原始凭证的单位开据给其他单位原始凭证分割单。原始凭证分割单，必须具备原始凭证的基本内容，可作为填制记账凭证的依据。

（2）检查所附原始凭证张数。记账凭证必须附有原始凭证并如实填写所附原始凭证的张数。记账凭证所附原始凭证的张数没有汇总的，应以自然张数为准。如果记账凭证中附有原始凭证汇总表，则按汇总张数计算。原始凭证汇总表中要注明汇总的原始凭证的张数。例如报销差旅费，共有50张零散票券，可以将其粘贴在一张差旅费报销单上，并在差旅费报销单上注明单据50张，作为一张原始凭证。

（3）选择正确的记账凭证。填制记账凭证，要根据经济业务的内容，正确应用记账凭证。现金或银行存款的收、付款业务，应使用收款凭证或付款凭证；将现金送存银行，或者从银行提取现金，只填制付款凭证不填制收款凭证，以避免重复记账。不涉及现金和银行存款收付的业务，填制转账凭证。

（4）记账凭证日期的填制。

1）对于收付款业务，记账凭证的日期一般应填制业务发生日的日期，不能提前或拖后。

2）对于一般转账业务，记账凭证的日期应填写填制凭证当日的日期；对于月末账项调整业务和结账业务的记账凭证，应填写当月月末的日期。

（5）记账凭证编号的编制方法。为了分清会计事项处理的先后顺序，以便记账凭证与会计账簿之间的核对，确保记账凭证完整无缺，填制记账凭证时，应当对记账凭证连续编号。记账凭证编号的方法有多种。

1）统一编号。将全部记账凭证作为一类统一编号。按经济业务发生的时间先后顺序逐一编号，×字第1号、×字第2号、×字第3号……

2）分类编号。分类编号又分为两种方法。

①分别按收款业务、付款业务、转账业务三类进行编号。按收款业务处理的先后顺序编制，收字第1号、收字第2号、收字第3号……按付款业务处理的先后顺序编制，付字第1号、付字第2号、付字第3号……按转账业务处理的先后顺序编制，转字第1号、转字第2号、转字第3号……。

②分别按现金收入、现金支出、银行存款收入、银行存款支出和转账业务五类进行编号。在这种情况下，记账凭证的编号应分为现收字第×号、现付字第×号、银收字第×号、银付字第×号和转字第×号。

各单位应当根据本单位业务繁简程度、会计人员数量和分工情况来选择便于记账、查账、内部稽核、方便且严密的编号方法。无论采用哪一种编号方法，都应该按月顺序编号，不得跳号、重号。一笔经济业务需要填制两张或两张以上记账凭证的，可以采用分数编号法进行编号。例如有一笔经济业务需要填制三张记账凭证，凭证顺序号为25，就可以编成$25\frac{1}{3}$、$25\frac{2}{3}$、$25\frac{3}{3}$，前面的数表示凭证顺序，后面分数的分母表示该号凭证共有三张，分子表示三张凭证中的第一张、第二张、第三张。

（6）内容摘要的填写。记账凭证的摘要栏是简要填写经济业务内容的，摘要应与原始凭证内容一致，能正确反映经济业务的主要内容，既要防止简而不明，又要防止过于繁琐。应能使阅读者通过摘要就能了解该项经济业务的性质、特征，判断出会计分录的正确与否，一般不需要再去翻阅原始凭证或询问有关人员。

（7）会计分录的编制。会计分录是记账凭证中最重要的组成部分，必须根据经济业务的内容，正确编制会计分录。会计科目要使用国家统一的会计科目，不得任意简化或改动，填写会计科目名称时，总账科目和明细科目都要填写完整，以便于登记总账和明细分类账。另外不应只填编号，不填会计科目名称。

（8）金额的书写方法。会计科目对应的借贷方金额要填写清楚。金额数字书写要规范，填入金额数字后，要在记账凭证的合计行计算填写合计金额。合计金额前加“￥”符号。记账凭证中借、贷方的金额必须相等。

（9）注销记账凭证中的空行。记账凭证应按行次逐行填写，不得跳行或留有空行。记账凭证填完经济业务后，如有空行，应当在金额栏，自最后一笔金额数字下的空行至合计数上的空行处，划斜线或“S”形线注销。

（10）记账凭证的签章。记账凭证填制完成后，制单、审核、记账等有关的会计人员都要签章，以明确经济责任。

2. 记账凭证的填制方法

（1）收款凭证的填制方法。收款凭证是根据审核无误的现金和银行存款收款业务的原始凭证编制的。收款凭证样式如图 5-18 所示。

收　款　凭　证

借方科目:银行存款　　20××年××月××日　　　收字第××号

摘　要	贷方总科目	明细科目	借或贷	金　额										
				亿	千	百	十	万	千	百	十	元	角	分
分得红利	投资收益	×公司						1	2	0	0	0	0	0
合　计							¥	1	2	0	0	0	0	0

附单据×张

财务主管×××　　记账×××　　出纳×××　　审核×××　　制单×××

图 5-18　收款凭证的填制示例

1）收款凭证左上角的借方科目，按收款的性质填写库存现金或者银行存款。

2）日期填写的是收到现金或收到结算凭证的日期。

3）右上角填写编制收款凭证顺序号：收字第×号。

4）摘要栏简明扼要地填写经济业务的内容。

5）贷方科目栏内填写与收入“库存现金”或“银行存款”科目相对应的总账科目及所属明细科目。

6）在金额栏相对应的行次填写贷方总账科目及其所属子目或细目的金额。

7）在记账栏内，记账人员在根据收款凭证登记有关账簿后划“√”，表示已经记账，防止经济业务重记或漏记。

8）凭证右边附件张根据所附原始凭证的张数填写。

9）凭证最下方有关人员签章处，供有关人员在履行了责任后签名或签章，以明确经济责任。

（2）付款凭证的填制。付款凭证是根据审核无误的现金和银行付款业务的原始凭证编制的。付款凭证如图 5-19 所示。

1）付款凭证的左上角贷方科目，应填列库存现金或者银行存款，表内借方科目栏应填写与“库存现金”或“银行存款”科目相对应的总账科目及所属的明细科目。

2）其余各部分的填制方法与收款凭证基本相同，不再赘述。

付 款 凭 证

贷方科目:银行存款　　20××年××月××日　　付字第××号

摘　要	借方总科目	明细科目	借或贷	金额 亿	千	百	十	万	千	百	十	元	角	分
发放股利	应付股利	×公司						1	2	0	0	0	0	0
合　计							¥	1	2	0	0	0	0	0

附单据×张

财务主管×××　记账×××　出纳×××　审核×××　制单×××

图 5-19　付款凭证的填制示例

（3）转账凭证的填制。转账凭证是根据审核无误的转账业务的原始凭证编制的。转账凭证如图 5-20 所示。

转 账 凭 证

20××年××月××日　　转字第××号

摘　要	会计科目	明细科目	√	借方金额 亿	千	百	十	万	千	百	十	元	角	分	√	贷方金额 亿	千	百	十	万	千	百	十	元	角	分
无法支付的款项	其他应付款						1	2	0	0	0	0	0	0												
	营业外收入																		1	2	0	0	0	0	0	0
合　计						¥	1	2	0	0	0	0	0	0				¥	1	2	0	0	0	0	0	0

附单据×张

财务主管×××　记账×××　出纳×××　审核×××　制单×××

图 5-20　转账凭证的填制示例

1）日期应填写填制凭证当日的日期；月末账项调整和结账业务的转账凭证，应填写当月月末的日期。

2）转账凭证的会计科目栏，应按照先借后贷的顺序，分别填写应借应贷的总账科目及所属的明细科目。

3）借方总账科目及所属明细科目的应记金额，应在与科目同一行的借方金额栏内相应栏次填写，贷方总账科目及所属明细科目的应记金额，应在与科目同一行的贷方金额栏内相应栏次填写。合计行只合计借方总账科目金额和贷方总账科目金额，借方总账科目金额合计数与贷方总账科目金额合计数应相等。

【例 5-1】恒祥公司 2012 年 5 月 12 日收到扬帆公司偿还所欠货款 10 000 元，存入银行。根据银行转来的结算凭证，填制的收款凭证如图 5-21 所示。

收 款 凭 证

借方科目:银行存款　　2012 年 5 月12日　　收字第 020 号

摘 要	贷方总科目	明细科目	借或贷	亿	千	百	十	万	千	百	十	元	角	分
收到货款	应收帐款	扬帆公司	贷					1	0	0	0	0	0	0
合 计							¥	1	0	0	0	0	0	0

附单据 1 张

财务主管 刘宜　　记账 张贺　　出纳 李彬　　审核 王媛　　制单

图 5-21　收款凭证的填制

【例 5-2】恒祥公司 2012 年 5 月 17 日以现金支付采购员刘洪预借差旅费 3 000 元。根据审批好的借据填制付款凭证如图 5-22 所示。

付 款 凭 证

贷方科目:库存现金　　2012 年 5 月17日　　付字第 052 号

摘 要	借方总科目	明细科目	借或贷	亿	千	百	十	万	千	百	十	元	角	分
刘洪借支差旅费	其他应收款	刘洪	借						3	0	0	0	0	0
合 计								¥	3	0	0	0	0	0

附单据 1 张

财务主管 刘宜　　记账 张贺　　出纳 李彬　　审核 王媛　　制单

图 5-22　付款凭证的填制

【例 5-3】恒祥公司 2012 年 5 月 31 日本月领用 A 材料 120 000 元，用于甲产品的生产。根据领料单填制的转账凭证如图 5-23 所示。

转 账 凭 证

2012 年 5 月31日　　　　转字第 109 号

摘 要	会计科目	明细科目	√	借方金额											√	贷方金额										
				亿	千	百	十	万	千	百	十	元	角	分		亿	千	百	十	万	千	百	十	元	角	分
生产领用材料	生产成本	甲产品					1	2	0	0	0	0	0	0												
	原材料	A材料																	1	2	0	0	0	0	0	0
合 计						¥	1	2	0	0	0	0	0	0				¥	1	2	0	0	0	0	0	0

附单据 1 张

财务主管 刘宜　　记账 张贺　　出纳 李彬　　审核 王媛　　制单

图 5-23　转账凭证的填制

四、记账凭证的审核

记账凭证编制完成以后，必须由专人进行严格的审核无误后才能登记账簿。记账凭证审核的基本内容主要包括以下几项：

（1）内容是否真实。审核记账凭证是否附有原始凭证，附件张数是否一致；所附原始凭证的内容是否与记账凭证的内容一致；记账凭证的金额与其所依据的原始凭证的金额是否一致等。

（2）项目是否齐全。审核记账凭证各项目的填写是否齐全，如日期、凭证编号、摘要、金额、所附原始凭证张数及有关人员签章等。

（3）科目是否准确。审核记账凭证的应借、应贷科目是否正确，是否有明确的账户对应关系，所使用的会计科目是否符合国家统一会计制度的规定等。

（4）书写是否规范。审核记账凭证中的记录是否文字工整、数字清晰，是否按规定进行更正等。

在审核过程中，如果发现不符合要求的地方，应要求有关人员采取正确的方法进行更正。只有经过审核无误的记账凭证，才能作为登记账簿的依据。

单元小结

★ 记账凭证的含义、基本内容、分类。

★ 记账凭证的填制、审核。

第四单元　会计凭证的传递与保管

单元情景

会计凭证填制完成以后，要依据记账凭证登记入账，不同的会计岗位要登记不同的账簿。那么如何将编制完成的记账凭证在不同的会计岗位之间进行传递？记账完成后会计凭证如何装订、保管？

知识储备

一、会计凭证的传递

会计凭证的传递，是指从会计凭证的取得或填制起至归档保管时止，在单位内部有关部门和人员之间按照规定的时间、规定的手续进行处理、移交的过程。

不同单位的会计凭证所记载的经济业务内容不同，涉及的部门和人员不同，办理业务的手续也不同，因此，应当为各种会计凭证规定一个合理的传递程序，即一张会计凭证填制完成后，应交到哪个部门、哪个岗位、由谁办理业务手续等，直到归档保管为止。所以，财会部门要结合企业经济业务的特点和管理要求，在满足内部控制的要求下制定科学合理的传递程序，确定科学合理的凭证停留处理时间，以提高工作效率，更好地发挥会计反映和监督的作用。

二、会计凭证的保管

会计凭证的保管是指会计凭证记账后的整理、装订、归档和存查工作。会计凭证是记录经济业务，明确经济责任的书面证明，也是登记账簿的依据。因此，它是重要的经济档案和历史资料。任何企业单位在完成经济业务手续和记账之后，必须按规定立卷归档，形成会计档案资料，妥善保管，以便日后随时查阅。

会计凭证整理保管的要求有：

（1）各种记账凭证，连同所附原始凭证和原始凭证汇总表，要分类按顺序编号，定期（五天、半个月或一个月）装订成册，并加具封面、封底，注明单位名称、凭证种类、所属年月和起讫日期、起止号码、凭证张数等。在装订处贴上封签，并由经办人员在封签处加盖骑缝章。

（2）对一些性质相同、数量很多或各种随时需要查阅的原始凭证，可以单独装订保管，在封面上写明记账凭证的时间、编号、种类，同时在记账凭证上注明“附件另订”。

（3）各种经济合同和重要的涉外文件等凭证，应另编目录，单独登记保管，并在有关原始凭证和记账凭证上注明。

（4）会计凭证装订成册后，应由专人负责分类保管，在立卷存档之前，会计凭证的保管工作由财会部门负责。年终交予档案管理部门管理，出纳人员不得兼管会计档案。会计凭证在保管中应防止霉烂破损和鼠咬虫蛀，以确保其安全和完整。

（5）原始凭证不得外借。有特殊原因，其他单位或个人需要使用原始凭证时，经本单位领导批准，可以查阅或复制。调阅人员不准将会计凭证携带外出，同时要在专门的登记簿上进行登记，并由提供人员和收取人员共同签章。

（6）会计凭证的保管期限一般为15年。保管期满的会计凭证，除需要永久保管的凭证外，可以按照《会计档案管理办法》的规定，办理相关手续后进行销毁。

三、会计凭证的装订

1. 会计凭证装订前的准备工作

会计凭证装订前的准备，是指对会计凭证进行排序、粘贴和折叠。因为原始凭证的纸张面积与记账凭证的纸张面积不可能全部一样，有时前者大于后者，有时前者小于后者，这就需要会计人员在制作会计凭证时对原始凭证加以适当整理，以便下一步装订成册。

对于纸张面积大于记账凭证的原始凭证，可按记账凭证的面积尺寸，先自右向后，再自下向后两次折叠。注意应把凭证的左上角或左侧面让出来，以便装订。对于纸张面积过小的原始凭证，一般不能直接装订，可先按一定次序和类别排列，再用胶水粘在一张同记账凭证大小相同的白纸上。证票应分张排列，同类、同金额的单据尽量粘在一起；同时，在一旁注明张数和合计金额。有的原始凭证不仅面积大，而且数量多，可以单独装订，如工资结算表等，但在记账凭证上应注明保管地点。原始凭证附在记账凭证后面的顺序应与记账凭证所记载的内容顺序一致，不应按原始凭证的面积大小来排序。会计凭证经过上述的加工整理之后，就可以装订了。

2. 装订方法

会计凭证的装订是指把定期整理完毕的会计凭证按照编号顺序，外加封面、封底，装订成册，并在装订线上加贴封签。

封面上，应写明单位名称、年度、月份、记账凭证的种类、起讫日期、起讫号数，以及记账凭证和原始凭证的张数，并在封签处加盖会计主管的骑缝图章。对各种重要的原始单据，以及各种需要随时查阅和退回的单据，应另编目录，单独登记保管，并在有关的记账凭证和原始凭证上相互注明日期和编号。汇总装订后的会计凭证封面如图 5-24 所示。

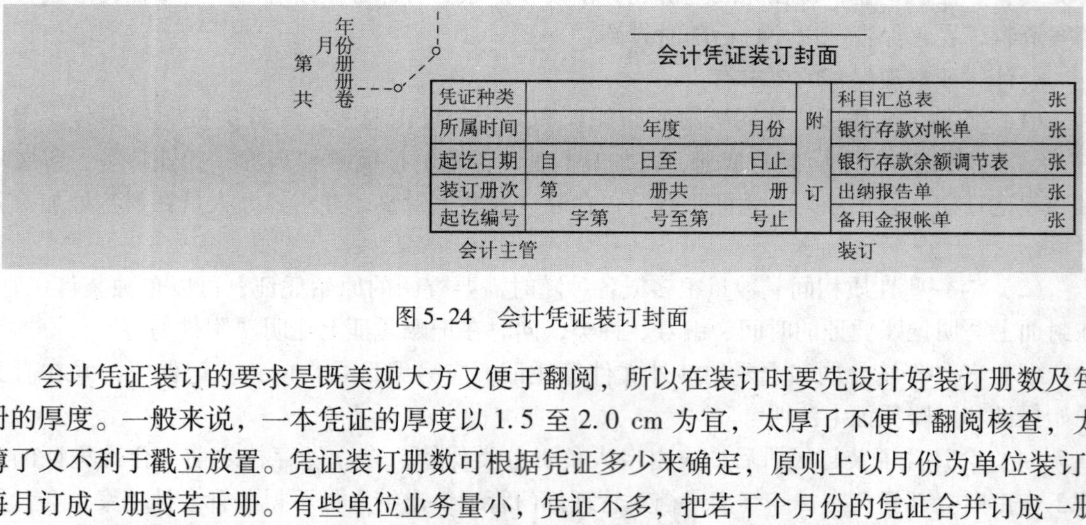

图 5-24 会计凭证装订封面

会计凭证装订的要求是既美观大方又便于翻阅，所以在装订时要先设计好装订册数及每册的厚度。一般来说，一本凭证的厚度以 1.5 至 2.0 cm 为宜，太厚了不便于翻阅核查，太薄了又不利于戳立放置。凭证装订册数可根据凭证多少来确定，原则上以月份为单位装订，每月订成一册或若干册。有些单位业务量小，凭证不多，把若干个月份的凭证合并订成一册就可以了，只要在凭证封面注明本册所含的凭证月份即可。

3. 操作步骤

为了使装订成册的会计凭证外形美观，会计人员在装订会计凭证时一般采用角订法，这种方法简单易行。它的具体操作步骤如下：

（1）将凭证封面和封底裁开，分别附在凭证前面和后面，再拿一张质地相同的纸(可以再找一张凭证封皮,裁下一半用,另一半为订下一本凭证备用)放在封面上角，做护角线。

（2）在凭证的左上角画一边长为 5cm 的等腰三角形，用夹子夹住，用装订机在底线上分布均匀地打两个眼儿。

（3）用大针引线绳穿过两个眼儿，并缠绕几次、勒紧，在凭证的背面打线结。

（4）将护角向左上侧折，并将一侧剪开至凭证的左上角，然后抹上胶水。

（5）向后折叠，并将侧面和背面的线绳扣粘死。装订过程、会计凭证封面护角如图5-25所示。

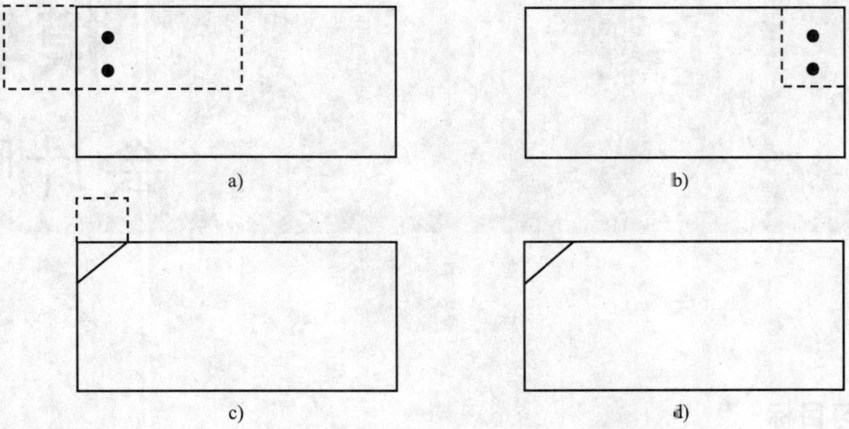

图5-25

a）打孔 b）线绳打结 c）粘胶水并盖章 d）装订完毕

（6）待晾干后，在凭证本的脊背上面写上“某年某月第几册共几册”的字样，如图5-26所示。装订人在装订线封签处签名或者盖章。现金凭证、银行凭证和转账凭证最好依次顺序编号，一个月从第一天第一项经济业务开始编序号，如果单位的凭证少，可以全年顺序编号。

会计档案（凭证）

立档单位					
起止日期	年 月 日				
本月共 册			本本是第 册		
凭证双序号	自		号第		号
全宗号		目录号		案卷号	

图5-26 凭证本脊背

单元小结

★ 会计凭证传递的意义。

★ 会计凭证的装订。

★ 会计凭证保管的要求。

模块六 会计账簿

学习目标

1. 知识目标：了解会计账簿的含义、分类、格式；理解账簿设置原则；掌握账簿登记、错账更正、对账、结账的方法。

2. 能力目标：能根据企业实际情况设置账簿、登记账簿；能对账、结账；记账过程中发生错账能采用正确的方法进行更正。

3. 素质目标：培养严谨的工作态度及良好的社会人际沟通能力。

第一单元　认识会计账簿

单元情景

老师拿来一些账本，有现金日记账、银行存款日记账、总分类账，还有不同格式的账页。老师：这是企业单位使用的会计账簿，简称账簿，也就是日常俗称的账本。大家了解账簿的登记使用吗？

知识储备

一、会计账簿的含义

会计账簿简称账簿，是指由一定格式账页组成的，全面连续系统地记录各项经济业务的簿籍。

企业每发生一项经济业务，都必须填制审核会计凭证，反映和监督经济业务的发生和完成情况。但是，会计凭证数量众多，每张凭证一般只能反映个别经济业务的内容，所提供的资料比较分散，缺乏系统性。因此，为了全面、连续、系统地反映企业在一定时期全部的经济业务，给经济管理提供完整而系统的会计核算资料，就需要设置会计账簿，把分散在会计凭证中的大量核算资料加以集中整理，分门别类地记录在账簿中。通过账簿记录，既能对经济活动进行序时核算，又能进行分类核算；既可提供各项总括的核算资料，又可提供明细核算资料。因此，每个单位都应按照国家统一的会计制度和管理的需要设置和登记会计账簿。

二、会计账簿的分类

1. 会计账簿按用途分类

会计账簿按其用途不同，可分为序时账簿、分类账簿和备查账簿。

（1）序时账簿。序时账簿又称日记账，是按经济业务发生或完成时间的先后顺序进行登记的账簿。按其记录的内容不同，日记账又分为普通日记账和特种日记账。

1）普通日记账是指用来逐笔记录全部经济业务的序时账簿。即把每天发生的各项经济业务逐日逐笔地登记在日记账中，并确定会计分录，然后据以登记分类账。在我国，许多单位已经设置了记账凭证，一般就不再设置普通日记账。

2）特种日记账是用来逐笔记录某一项经济业务的序时账簿。目前在我国，大多数单位一般只设现金日记账和银行存款日记账。

（2）分类账簿。分类账簿又分为总分类账簿和明细分类账簿。按照总分类账户设置的账簿称为总分类账簿，简称总分类账或总账。根据明细分类账账户开设的账簿称为明细分类账簿，简称明细账。

（3）备查账簿。备查账簿简称备查账，是对某些不能在序时账簿和分类账簿等主要账簿中进行登记或者登记不够详细的经济业务事项，进行补充登记时使用的账簿，又称为辅助账簿。这些账簿可以对某些经济业务的内容提供必需的参考资料，但是它记录的信息不须编入会计报表，所以也称表外记录。备查账簿没有固定格式，可由各单位根据管理的需要自行设置与设计。如租入固定资产登记簿、应收票据备查簿。

2. 会计账簿按外形特征分类

会计账簿按其外形特征不同，可以分为订本式账簿、活页式账簿和卡片式账簿。

（1）订本式账簿。订本式账簿也称订本账，在账簿启用前就把具有账户基本结构并连续编号的若干张账页固定地装订成册的账簿。这种账簿的优点是：可以避免账页散失，防止账页被随意抽换，比较安全。其缺点是：由于账页固定，不能根据需要增加或减少，不便于按需要调整各账户的账页，也不便于分工记账。这种账簿一般用于总分类账、现金日记账和银行存款日记账。

（2）活页式账簿。活页式账簿也称活页账，是指年度内账页不固定装订成册，而是将其放置在活页账夹中的账簿。当账簿登记完毕之后（通常是一个会计年度结束之后），才能将账页予以装订，加具封面，并给各账页连续编号。这种账簿的优点是：随时取放，便于账页的增加和重新排列，便于分工记账和记账工作电算化。其缺点是：账页容易散失和被随意抽换。活页账在年度终了时，应及时装订成册，妥善保管。明细分类账一般采用活页账。

（3）卡片式账簿。卡片式账簿又称卡片账，是指由许多具有一定格式的卡片组成，存放在卡片箱内的账簿。卡片账的卡片一般装在卡片箱内，不用装订成册，随时可存放，也可跨年度长期使用。这种账簿的优点是：便于随时查阅，也便于按不同要求归类整理。其缺点是：账页容易散失，容易被随意抽换。因此，在使用时应对账页连续编号，并加盖有关人员图章，卡片箱应由专人保管，更换新账后也应封扎保管，以保证其安全。一般固定资产和低值易耗品等资产明细账使用卡片账，如图 6-1 所示。

固定资产卡片（设备）

归口部门：

卡片编号：

固定资产类别：

本卡填一式三份，由企业财会、归口管理、使用部门各设一份。

<table>
<tr><td>固定资产来源</td><td colspan="3"></td><td colspan="2">固定资产编号</td><td colspan="3"></td></tr>
<tr><td>制造厂名</td><td colspan="3"></td><td colspan="2">固定资产名称</td><td colspan="3"></td></tr>
<tr><td>出厂日期</td><td colspan="3"></td><td colspan="2">型号规格特征</td><td colspan="3"></td></tr>
<tr><td>购建接交日期</td><td colspan="3"></td><td colspan="2">计量单位</td><td colspan="3"></td></tr>
<tr><td>安装地点</td><td colspan="3"></td><td colspan="2">原值(或重置全价)</td><td colspan="3">￥</td></tr>
<tr><td colspan="4">附属设备</td><td colspan="2">其中：安装费</td><td colspan="3">￥</td></tr>
<tr><td rowspan="2">名称规格</td><td rowspan="2">数量</td><td rowspan="2">单位</td><td rowspan="2">金额</td><td colspan="5">原值变动记录</td></tr>
<tr><td>日期</td><td>凭证</td><td>摘要</td><td>增或减金额</td><td>变动后金额</td></tr>
<tr><td></td><td></td><td></td><td></td><td></td><td></td><td></td><td></td><td></td></tr>
<tr><td></td><td></td><td></td><td></td><td></td><td></td><td></td><td></td><td></td></tr>
<tr><td></td><td></td><td></td><td></td><td></td><td></td><td></td><td></td><td></td></tr>
<tr><td></td><td></td><td></td><td></td><td></td><td></td><td></td><td></td><td></td></tr>
<tr><td></td><td></td><td></td><td></td><td></td><td></td><td></td><td></td><td></td></tr>
<tr><td></td><td></td><td></td><td></td><td></td><td></td><td></td><td></td><td></td></tr>
<tr><td></td><td></td><td></td><td></td><td></td><td></td><td></td><td></td><td></td></tr>
</table>

图 6-1　固定资产卡片

3. 会计账簿按账页的格式分类

会计账簿按其账页的格式不同，可以分为三栏式账簿、多栏式账簿和数量金额式账簿三种。

（1）三栏式账簿。三栏式账簿是指其账页的格式主要部分为借方、贷方和余额三栏或者收入、支出和余额三栏的账簿。

（2）多栏式账簿。多栏式账簿是指根据经济业务的内容和管理的需要，在账页的借方和贷方栏内分别按照明细项目设置若干专栏的账簿。这种账簿可以按借方和贷方分别设专栏，也可以只设借方专栏，贷方的内容在相应的借方专栏内用红字登记。

（3）数量金额式账簿。数量金额式账簿是指在账页中分设借方、贷方和余额或者收入、发出和结存三大栏，并在每一大栏内分设数量、单价和金额等三小栏的账簿。数量金额式账簿能够反映出财产物资的实物数量和价值量。

根据上述会计账簿的分类，归纳如图 6-2 所示。

- 会计账簿
  - 按账簿用途分类
    - 序时账簿
      - 普通日记账
      - 特种日记账
    - 分类账簿
      - 总分类账
      - 明细分类账
    - 备查账簿
  - 按账簿外形特征分类
    - 订本式账簿
    - 活页式账簿
    - 卡片式账簿
  - 按账簿的账页格式分类
    - 三栏式账簿
    - 多栏式账簿
    - 数量金额式账簿

图 6-2　会计账簿的分类

三、会计账簿的使用规则

1. 会计账簿的基本内容

每种账簿所记录的经济业务内容不同，格式各异，但各种账簿都应具备以下基本内容。

（1）封面主要用于表明账簿的名称，如现金日记账、银行存款日记账、总分类账等，如图 6-3所示。

图 6-3　账簿封面

（2）扉页主要用于载明经管人员一览表，其应填列的内容主要有经管人员、移交人员和移交日期、接管人和接管日期。

（3）账页是用来记录具体经济业务的载体，其格式因记录经济业务的内容不同而有所不同，但每张账页上应有：账户的名称（即会计科目）、记账日期栏、记账凭证种类和号数栏、摘要栏（经济业务内容的简要说明）、借方金额栏、贷方金额栏及余额的方向栏、余额栏、总页次和分页次等。

2. 账簿的启用规则

为了保证会计账簿记录的合法性和会计资料的真实性、完整性，明确经济责任，会计账簿应由专人负责登记。启用会计账簿应遵守以下规则。

（1）认真填写封面及账簿启用和经管人员一览表。启用会计账簿时应在账簿封面上写明单位名称和账簿名称，并在账簿扉页填写账簿启用和经办人员一览表（简称启用表）。启用表内容主要包括：账簿名称、启用日期、账簿页数、记账人员和会计机构负责人、会计主管人员姓名，并加盖名章和单位公章，如图 6-4 所示。

（2）严格交接手续。记账人员或者会计机构负责人、会计主管人员调动工作时，必须办理账簿交接手续，在账簿启用和经管人员一览表中注明交接日期、交接人员和监交人员姓名，并由双方交接人员签名或者盖章，以明确有关人员的责任。

（3）填写账户目录。总账应按照会计科目的编号顺序填写科目名称及启用页码。在启用活页式明细分类账时，应按照所属会计科目填写科目名称和页码，在年度结账后撤去空白账页，填写使用页码。

（4）粘贴印花税票。印花税票应粘贴在账簿的右上角，并且划线注销。在使用缴款书缴纳印花税时，应在右上角注明“印花税已缴”及缴款金额。

经管本账簿人员一览表

经管	
职别	

账簿启用表					
用户名称	光明村集体经济组织	负责人	职别	副厂长	盖章
账簿名称	库存物资明细　账簿　2　册		姓名	苏　强	
账簿号码	第　2　号	主办会计员	职别	会计师	
账簿页数	本账簿共计　页		姓名	郑　文	
启用日期	2009 年 1 月 1 日		盖章		

图 6-4　账簿启用表及经管人员一览表

3. 账簿的登记规则

（1）要根据审核无误的会计凭证及时登记账簿。

（2）登记内容准确完整。登记账簿时，应当将会计凭证的日期、编号、经济业务内容摘要、金额和其他有关资料逐项记入账内。记账后，要在记账凭证上签章并注明所记账簿的页数，或画“√”表示已经登记入账，避免重记、漏记。

（3）正确使用蓝黑墨水和红墨水。登记账簿要用蓝黑墨水或碳素墨水书写，不得使用圆珠笔或者铅笔书写。书写墨水的颜色用错了，会传递错误的信息，红色表示对正常记录的冲减。因此，红色墨水不能随意使用，只能在以下情况下使用：冲销错账；在未设借贷等栏的多栏式账页中，登记减少数；在三栏式账户的余额栏前，如未印明余额方向的，在余额栏内登记负数余额；根据国家统一会计制度的规定可以使用红字登记的其他会计记录。

（4）书写不能占满格。为了便于更正记账和方便查账，登记账簿时，书写的文字和数字上面要留有适当的空格，不要写满格，一般应占格距的 1/2，最多不能超过 2/3，如图 6-5 所示。

（5）顺序连续登记。会计账簿应当按照页次顺序连续登记，不得跳行、隔页。如果发生跳行、隔页的，应当将空行、空页用红色墨水对角划线注销，并注明“作废”字样，或者注明“此行空白”、“此页空白”字样，并由经办人员盖章，以明确经济责任。

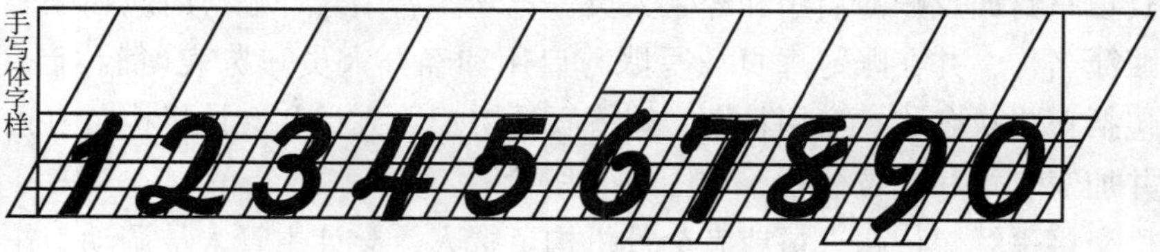

图 6-5　账簿的书写

（6）结出余额。凡需要结出余额的账户，应按时结出余额。结出余额后，应当在“借或贷”栏内写明“借”或者“贷”字样以说明余额的方向。没有余额的账户，应当在“借或贷”栏内写“平”字，并在余额栏内用“0”表示。一般来说，“0”应放在“元”位。

（7）过次承前。各账户在一张账页记满时，要在该账页的最末一行加计发生额合计数和结出余额，并在该行“摘要”栏注明“过次页”字样；然后，再把这个发生额合计数和余额填列在下一页的第一行内，并在“摘要”栏内注明“承前页”，以保证账簿记录的连续性。

（8）账簿记录错误应按规定的办法更正。账簿记录发生错误时，不得刮、擦、挖、补，不得随意涂改或用褪色药水更改字迹，应根据错误的情况，按规定的方法进行更正。

单元小结

★ 会计账簿的含义、分类、格式。

★ 会计账簿的启用规则、登记规则。

第二单元 设置登记账簿

单元情景

老师：会计账簿是记录经济业务的簿籍，各单位应根据经济业务的特点和管理要求，科学、合理地设置账簿。会计账簿的设置包括确定账簿的种类、设计账页的格式、内容和规定账簿登记的方法等。企业单位一般应设置使用哪些账簿？这些账簿应该如何登记呢？

知识储备

一、日记账的设置和登记

日记账包括普通日记账和特种日记账。在我国由于使用了记账凭证，一般不再设置普通日记账，但都要设置现金日记账和银行存款日记账。

1. 现金日记账的设置与登记

现金日记账是用来核算和监督库存现金每日的收入、支出和结存状况的账簿。由出纳人员根据审核无误的，与现金有关的收款凭证和付款凭证，按经济业务发生时间的先后顺序逐日逐笔进行登记，并结出余额。

现金日记账一般采用三栏式订本账。现金日记账中，日期、凭证字号、摘要和对方科目等栏，根据有关记账凭证登记；借方（收入）栏根据现金收款凭证和引起现金增加的银行存款付款凭证登记（从银行提取现金，只编制银行存款付款凭证）；贷方（支出）栏根据现金付款凭证登记。每日终了应计算全日的现金收入、支出合计数，并逐日结出现金余额，与库存现金实存数核对，检查账实是否相符，做到日清日结。每月期末，应结出当期收入栏和支出栏的发生额和期末余额，并与库存现金总分类账户核对一致，做到日清月结，账实相符。如账实不符，应查明原因。现以海洋公司2013年1月的经济业务为例说明现金日记账的登记。

【例6-1】海洋公司2013年1月2日现金收付有关业务如下：

（1）用现金购买办公用品700元。

（2）从银行提取现金8 000元备用。

（3）业务员张明出差预支差旅费2 000元。

（4）从银行提取现金120 000元准备发放工资。

（5）发放工资120 000元。

（6）业务员李敏出差回来报销差旅费 2 300 元，原借款 2 000 元。

（7）销售废旧书本报纸收入现金 400 元。

（8）节前为困难职工发放补助 3 000 元。

根据经济业务编制记账凭证，并登记现金日记账，如图 6-6 所示。

（1）借：管理费用　700
　　　贷：库存现金　700

（2）借：库存现金　8 000
　　　贷：银行存款　8 000

（3）借：其他应收款　2 000
　　　贷：库存现金　2 000

（4）借：库存现金　120 000
　　　贷：银行存款　120 000

（5）借：应付职工薪酬　120 000
　　　贷：库存现金　120 000

（6）借：管理费用　300
　　　贷：库存现金　300

（7）借：库存现金　400
　　　贷：营业外收入　400

（8）借：应付职工薪酬　3 000
　　　贷：库存现金　3 000

现金日记账

2013 年 月	日	凭证号数	摘　要	对方科目	借方	贷方	借或贷	余　额
1	1		期初余额				借	1 500
	2	现付 1	买办公用品	管理费用		700		
		银付 1	提取现金	银行存款	8 000			
		现付 2	预借差旅费	其他应收款		2 000		
		银付 2	提取现金	银行存款	120 000			
		现付 3	发放工资	应付职工薪酬		120 000		
		现付 4	报销补差款	管理费用		300		
		现收 1	废品收入	营业外收入	400			
		现付 5	发困难补助	应付职工薪酬		3 000		
1	2		本日合计		128 400	126 000	借	3 900

图 6-6　现金日记账

2. 银行存款日记账的设置与登记

银行存款日记账用来核算和监督银行存款每日的收入、支出和结存情况的账簿。由出纳人员根据与银行存款有关的收款凭证、付款凭证，按经济业务发生时间的先后顺序，逐日逐笔进行登记的序时账簿。

银行存款日记账一般也采用三栏式订本账。

银行存款日记账登记要求与现金日记账基本相同。不同的是，银行存款日记账增设了“结算凭证种类和号数”栏目。因在办理银行存款收付业务时，均根据银行结算凭证办理，为了便于和银行对账，银行存款日记账就须设有“结算凭证种类和号数”栏，单独列出每项收付款业务所依据的结算凭证种类和号数。银行存款日记账和现金日记账一样，每日终了时要结出余额，做到日清日结，以便检查监督每日银行存款收付情况以及结存额。月末，应将本单位的银行存款日记账与开户银行转来的对账单逐笔核对，以检查银行存款日记账的记录是否正确。

二、分类账的设置和登记

1. 总分类账的设置与登记

总分类账也称总账，是按总分类账户进行分类登记，全面、总括地反映和记录经济业务的账簿。每个企业单位都必须设置总分类账。

总分类账一般采用三栏式、订本式账，微型企业也可以采用多栏式总账。按照会计科目的编码顺序分别开设账户。

总分类账的登记，可以根据记账凭证逐笔登记；也可以根据记账凭证先编制科目汇总表，然后据以登记账簿。总分类账登记的依据和方法，取决于企业采用的账务处理程序。

总分类账的格式如图 6-7 所示。

总分类账

会计科目：　　　　　　　　　　　　　　　　　　第　　页

年		记账凭证		摘要	借方										贷方										借或贷	余额									
月	日	字	号		千	百	十	万	千	百	十	元	角	分	千	百	十	万	千	百	十	元	角	分		千	百	十	万	千	百	十	元	角	分

图 6-7　总分类账

2. 明细分类账设置与登记

明细分类账简称明细账，是根据明细账户开设账页，分类、连续地记录经济业务的账簿。企业根据实际需要，在设置总分类账的基础上，按二级科目或明细科目开设明细分类账，会计人员根据审核无误的记账凭证和原始凭证或原始凭证汇总表逐笔登记，以提供详细具体的核算资料。

明细账的格式，应根据它所反映经济业务的特点，以及管理的不同要求来设计，一般有三栏式明细分类账、数量金额式明细分类账、多栏式明细分类账和横线登记式明细分类账四种。

（1）三栏式明细分类账。三栏式明细分类账账页的格式，设借方、贷方和余额三个金额栏。这种账页适用于采用金额核算的明细账，如“应收账款”、“应付款款”、“短期借款”、“长期借款”、“实收资本”等账户。应收账款明细分类账的格式如图 6-8 所示。

应收账款明细分类账

明细科目：

年		记账凭证		摘要	借方										贷方										借或贷	余额									
月	日	字	号		千	百	十	万	千	百	十	元	角	分	千	百	十	万	千	百	十	元	角	分		千	百	十	万	千	百	十	元	角	分

图 6-8　三栏式明细分类账

（2）数量金额式明细分类账。数量金额式明细分类账账页格式在收入、发出、结存三栏内，再分别设置数量、单价和金额等栏目，以分别登记实物的数量和金额，其格式如图 6-9 所示。

数量金额式明细账适用于既要进行金额明细核算，又要进行数量明细核算的财产物资项目，如“原材料”、“库存商品”等账户的明细核算。

最高储量

最低储量　　　　单位　　　名称

年		凭证		摘要	对方科目	借方												贷方												借或贷	余额											
月	日	种类	号数			数量	单价	千	百	十	万	千	百	十	元	角	分	数量	单价	千	百	十	万	千	百	十	元	角	分		数量	单价	千	百	十	万	千	百	十	元	角	分

图 6-9　数量金额式明细分类账

（3）多栏式明细分类账。多栏式明细分类账是根据经济业务的特点和经营管理的需要，在一张账页的借方栏或贷方栏设置若干专栏，集中反映有关明细项目的核算资料。它主要适用于只记金额、不记数量，而且在管理上需要了解其构成内容的收入、利润、费用、成本类账户，如“生产成本”、“制造费用”、“管理费用”、“主营业务收入”等账户的明细分类账，其格式如图 6-10 所示。“本年利润”、“利润分配”和“应交税费——应交增值税”等科目所属明细科目则需采用借、贷方均为多栏式的明细账。

明细账

科目名称＿＿＿＿＿＿

产品名称＿＿＿＿＿＿

年		凭证		摘要	借方发生额										项目																																			
月	日	种类	号数		千	百	十	万	千	百	十	元	角	分	百	十	万	千	百	十	元	角	分	百	十	万	千	百	十	元	角	分	百	十	万	千	百	十	元	角	分	百	十	万	千	百	十	元	角	分

图 6-10　多栏式明细分类账

（4）横线登记式明细分类账。横线登记式明细分类账，也称平行式明细分类账，账页设“借方”和“贷方”两栏。其特点是将前后密切相关的经济业务，于核销账款时在同一横格内进行登记，以检查每笔业务的完成及变动情况，这种格式适用于“物资采购”和某些应收、应付款项的明细核算。

单元小结

★　日记账的设置和登记。

★　明细分类账的格式、适用情况、登记要求。

第三单元　对账和结账

单元情景

通过账簿记录，可以全面系统地反映企业的财务状况和经营成果。月末经理要求会计人员提供具体的相关数据，该怎样做？

老师：月末企业单位都要结账，结账之后才能根据账簿记录编制会计报表，通过会计报表反映企业的财务状况和经营成果。但是，为了保证账簿记录的准确性，结账之前要先对账。

知识储备

一、对账

对账，就是核对账目。在工作中，由于种种主客观原因，会发生记账差错，或出现账实不符的现象。为了保证账簿记录和会计报表的真实、完整和正确，如实地反映和监督经济活动，必须建立健全对账制度，做好对账工作。对账的主要内容有账证核对、账账核对和账实核对。

1. 账证核对

账簿是根据会计凭证登记的。因此，企业应当定期将会计账簿记录与其相应的会计凭证记录(包括时间、编号、内容、金额、会计分录等)逐项核对，检查是否一致。如有不符之处，应当及时查明原因，予以更正，保证账证相符。

2. 账账核对

账账核对是指将各种会计账簿之间相对应的记录内容进行核对。检查、验证会计账簿记录的正确性，保证账账相符。账账核对主要包括如下内容。

(1) 月末，通过编制试算平衡表，检查各总分类账账户借方余额合计数与贷方余额合计数是否相符；全部账户本期借方发生额合计与全部账户贷方发生额合计是否相符。

(2) 按照平行登记的要点，检查各总分类账账户余额与其所属明细分类账账户余额之和是否相符。

(3) 现金日记账和银行存款日记账的余额，与总分类账中的“库存现金”和“银行存款”账户的余额核对是否相符。

(4) 会计部门有关财产物资的明细分类账余额与财产物资保管或使用部门登记的明细账核对是否相符。

3. 账实核对

账实核对是在账账核对的基础上，将各种财产物资的账面余额与实存数额进行核对。账实核对主要包括如下内容。

(1) 现金日记账账面余额与实际库存现金额核对是否相符。

(2) 银行存款日记账账面余额与开户银行对账单余额核对是否相符。

(3) 各种材料、物资明细分类账账面余额与实存数核对是否相符。

(4) 各种债权债务明细账账面余额与有关债权、债务单位或个人的账面记录核对是否相符。

实际工作中，账实核对一般要结合财产清查进行。

二、结账

结账是指在一定时期内发生的全部经济业务都登记入账的基础上，按规定的方法对每个账户结计本期发生额和期末余额的一项会计核算工作。

为了定期总结企业的经济活动，反映企业的财务状况和经营成果，为编制会计报表提供资料，各单位应在会计期末进行结账。结账分为月结、季结和年结。

1. 结账的基本程序

(1) 将本期发生的经济业务事项全部登记入账，并保证其正确性。不得把将要发生的经济业务提前入账，也不得把已经在本期发生的经济业务延至下期（甚至以后期）入账。

（2）按照会计准则的要求，调整有关账项，合理确定本期应计的收入和应计的费用，真实反映本期财务成果。

（3）将损益类账户的余额转入“本年利润”，结平所有损益类账户。

（4）结计出资产、负债和所有者权益账户的本期发生额和余额，并结转下期。

2. 结账的方法

结账的标志是划线。划线时，应从日期栏划至余额栏，划通栏红线。月结、季结用单线，年结用双线。结账时应根据不同的账户记录，分别采用不同的结账方法。

（1）总账账户的结账方法。总账账户平时只需结计月末余额，不需要结计本月发生额。每月结账时，应将月末余额计算出来并写在本月最后一笔经济业务记录的同一行内，并在下面通栏划单红线。年终结账时，为了反映全年各会计要素增减变动的全貌，便于核对账目，要将所有总账账户结计全年发生额和年末余额，在摘要栏内注明“本年累计”字样，并在“本年累计”行下划双红线。

（2）现金日记账、银行存款日记账和需要按月结计发生额的收入、费用等明细账，每月结账时，要在每月的最后一笔经济业务下面通栏划单红线，结出本月发生额和月末余额并写在红线下面。同时在摘要栏内注明“本月合计”字样，在下面通栏划单红线。

（3）债权、债务和财产物资等明细分类账，每次记账后，都要随时结出余额。因此，每月最后一笔余额即为月末余额。月末结账时，只需在最后一笔经济业务记录的下面划单红线即可，无需再结计一次余额。

（4）需要结计本年累计发生额的收入、费用等明细账，每月结账时，应在“本月合计”行下的摘要栏内注明“本年累计”字样，并结出自年初起至本月末止的累计发生额，在该行下面画通栏划单红线。每年 12 月末的“本年累计”就是全年累计发生额，全年累计发生额下面通栏划双红线。

（5）年度终了结账时，有余额的账户，要将其余额结转到下一会计年度，并在摘要栏内注明“结转下年”字样；在下一会计年度，新建的会计账簿的第一行余额栏内，填写上年结转的余额，并在摘要栏内注明“上年结转”字样。结转下年时，不需要编制记账凭证。

3. 更换账簿与保管

一般情况，总账、日记账和大部分的明细账要每年更换一次，这些账簿在每年年终按规定办理完结账手续后，就应更换、启用新的账簿，并将余额结转记入新账簿中。但是，财产物资明细账和债权、债务明细账，如果更换新账，工作量较大，因此，可以跨年度使用，不必每年更换一次。卡片式账簿，如固定资产卡片以及各种备查账簿，也都可以连续使用。

更换下来的账簿，按时装订整理立卷。可暂由本单位财务会计部门保管一年，期满后应由财务会计部门移交本单位档案部门保管。移交时需要编制移交清册，填写交接清单，交接人员按移交清册和交接清单核查无误后签章，并在账簿使用日期栏内填写移交日期。

单元小结

★　对账的含义、对账的内容和方法。

★　结账的目的、程序和方法。

第四单元　错账更正的方法

单元情景

老师：登记会计账簿是一项很细致的工作。在记账工作中，可能由于种种原因会使账簿记录发生错误，对于错账，不能挖补、刮擦或者用药水消除字迹，不准重新抄写，而必须根据错误的具体情况和性质，采用规范的方法予以更正。错账更正方法通常有划线更正法、红字更正法和补充登记法三种。

知识储备

一、划线更正法

记账凭证填制正确，在记账时或结账前，发现账簿记录中文字或数字有错误，应采用划线更正法。具体做法是：先在错误的文字或数字上划一条红线，表示注销，划线时必须使原有字迹仍可辨认；然后将正确的文字或数字用蓝字写在划线处的上方，并由记账人员在更正处盖章，以明确责任。对于文字的错误，可以只划去错误的部分，并更正错误的部分，对于错误的数字，应当将整个数字划红线更正，不能只更正其中的个别错误数字。例如，把“3190”元误记为“3910”元时，应将错误数字“3910”全部用红线划掉，在其上方写上正确的数字“3190”，而不是只删改两个数字“91”字。正确的更正方法如图6-11所示。

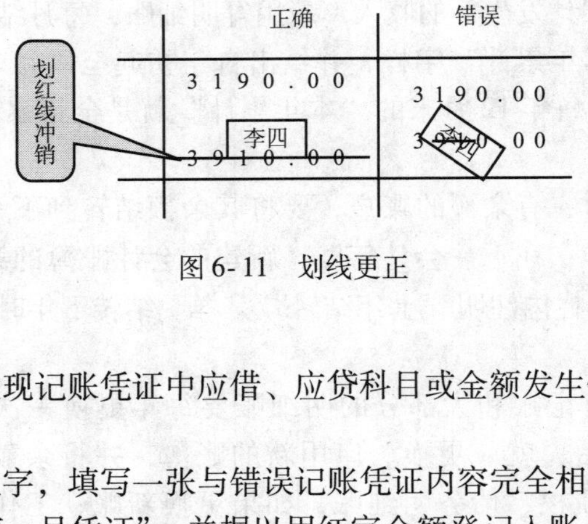

图6-11　划线更正

二、红字更正法

在记账以后，如果发现记账凭证中应借、应贷科目或金额发生错误时，可以用红字更正法进行更正。

具体做法是：先用红字，填写一张与错误记账凭证内容完全相同的记账凭证，且在摘要栏注明“更正某月某日第×号凭证”，并据以用红字金额登记入账，以冲销账簿中原有的错误记录，然后再用蓝字重新填制一张正确的记账凭证，登记入账。这样，原来的错误记录便得以更正。

红字更正法一般适用于以下两种情况的错账更正。

（1）记账后，如果发现记账凭证中的应借、应贷会计科目有错误，须用红字更正法予以更正。

【例6-2】生产车间领用甲材料800元，用于一般性消耗。

1）原记账凭证中会计分录如下。

借：生产成本　　800

　　贷：原材料　　800

2）发现错误后，用红字填制一张与原错误记账凭证内容完全相同的记账凭证，并登记入账。

借：生产成本　800

　　贷：原材料　800

3）用蓝字填制一张正确的记账凭证，并登记入账。

借：制造费用　600

　　贷：原材料　600

（2）记账后，如果发现记账凭证和账簿记录中应借、应贷的账户没有错误，只是所记金额大于应记金额。对于这种账簿记录的错误，更正的方法是：将多记的金额用红字填制一张与原错误记账凭证会计科目相同的记账凭证，并在摘要栏注明“更正某月某日第 × 号凭证”，并据以登记入账，以冲销多记的金额，使错账得以更正。

【例 6-3】风帆公司收回货款 3 000 元，存入银行。

1）原记账凭证中会计分录为如下。

借：银行存款　30 000

　　贷：应收账款　30 000

2）该笔业务只需用红字更正法编制一张记账凭证将多记的金额 27 000 元，用红字冲销即可。编制的记账凭证如下。

借：银行存款　27 000

　　贷：应收账款　27 000

三、补充登记法

在记账之后，如果发现记账凭证中应借、应贷的账户没有错误，但所记金额小于应记金额，造成账簿中所记金额，也小于应记金额，这种错账应采用补充登记法进行更正。更正的方法是：将少记金额用蓝笔填制一张与原错误记账凭证会计分录相同的记账凭证，并在摘要栏内注明“补记某月某日第 × 号凭证”并予以登记入账，补足原少记金额，使错账得以更正。

【例 6-4】继例 6-3，假设在编制记账凭证时应借、应贷账户没有错误，只是金额 3 000 元写成了 300 元，并且已登记入账。

1）原记账凭证中会计分录如下。

借：银行存款　300

　　贷：应收账款　300

2）该笔业务只需用补充登记法编制一张记账凭证，将少记的金额 2 700 元补足便可。其记账凭证如下。

借：银行存款　2 700

　　贷：应收账款　2 700

登记账簿是一项细致工作，一定要认真仔细，绝不能心不在焉。一旦出现差错，要用正确的方法进行更正。

单元小结

★　错账更正的方法：划线更正法、红字冲销法、补充登记法。

★　各种更正方法使用时应注意的问题。

模块七

财产清查

学习目标

1. 知识目标：理解财产清查的含义；了解财产清查的分类；理解财产物资盘存制度；掌握财产物资清查方法；掌握财产物资盘点报告单的填制和账务处理。

2. 能力目标：能根据企业管理要求，对不同的财产物资选择正确的方法，进行清查盘点；能填写财产物资盘点报告单，会根据报告单进行账务处理。

3. 素质目标：培养良好的团队协作精神和严肃认真的工作作风，自觉遵守财务制度和结算纪律。

第一单元　了解财产清查

单元情景

老师：企业经营一段时间后，我们需要对企业的财产物资的实存数和使用情况进行核对和盘点，即财产清查。那么财产清查包括哪些内容呢?

知识储备

一、财产清查概述

1. 财产清查的含义

财产清查也称做财产检查，是指通过对实物、现金的实地盘点和对银行存款、往来款项的核对，查明实有数和账面数是否相符的一种会计核算的专门方法。

2. 财产清查的原因

会计工作中，账簿记录会发生差错。各项财产物资的收入、发出、实际结存数发生错误，都可能造成账存数与实存数不符。这其中的原因是多方面的，如财产物资收发计量、检验不准确；运输、保管过程中，数量上发生自然增减变化；管理不善或工作人员失职，造成财产损失；自然灾害造成的非常损失等。因此，各企业单位要对各种财产物资进行定期或不定期的核对和盘点，查明账实是否相符。

3. 财产清查的意义

（1）通过财产清查，可以确定各项财产物资的实存数，将实存数与账存数进行对比，确定各项财产物资的盘盈、盘亏，并及时调整账簿记录，做到账实相符，以保证账簿记录的真实、可靠，提高会计信息的质量。

（2）通过财产清查，可以揭示各项财产物资的使用情况，改善经营管理，挖掘各项财产物资的潜力，加速资金周转，提高财产物资的使用效果。

（3）通过财产清查，可以查明各项财产物资的储备和保管情况以及各种责任制度的建立和执行情况，揭示各项财经制度和结算纪律的遵守情况，促使财产物资保管人员加强责任感，保证各项财产物资的安全完整，促使经办人员自觉遵守财经制度和结算纪律，及时结清债权债务，避免发生坏账损失。

二、财产清查的分类

1. 按照财产清查的对象和范围划分

按照财产清查的对象和范围划分，可以分为全面清查和局部清查。

（1）全面清查。全面清查是指对所有的财产物资进行全面盘点与核对。清查对象主要包括：现金、短期存(借)款、有价证券及外币、各种存货、往来款项、固定资产等。全面清查范围广，工作量大，一般在年终决算或企业撤销、合并或改变隶属关系时进行。

（2）局部清查。局部清查也称重点清查，是指根据需要只对财产物资中某些重点部分进行的清查，如流动资金中变化较频繁的原材料、库存商品等，除年度全面清查外，还应根据需要随时轮流盘点或重点抽查。各种贵重物资要每月至少清查一次，库存现金要天天核对，银行存(借)款要每月至少与银行核对一次。

2. 按照财产清查的时间划分

按照财产清查的时间划分，分为定期清查和不定期清查。

（1）定期清查是指在规定的时间内所进行的财产清查，一般是在年、季、月终了后进行。

（2）不定期清查也称临时清查，是指根据实际需要临时进行的财产清查，一般是在更换财产物资保管人员以及企业撤销、合并或发生财产损失等情况时所进行的清查。

定期清查和不定期清查的范围应视具体情况而定，可以全面清查，也可以局部清查。

单元小结

★　财产清查的含义、意义。

★　财产清查的种类，根据不同的情况选择使用不同的财产清查方式。

第二单元　财产清查的方法

单元情景

老师：财产清查是一项复杂细致的工作，为了保证财产清查的质量，一般应在企业单位负责人(如厂长、经理等)的领导下，由会计、业务、仓库等有关部门的人员组成财产清查小组，具体负责财产清查的工作。他们是如何开展工作的呢？

知识储备

一、财产清查的工作程序

财产清查工作，涉及面广，工作量大，为保证财产清查工作顺利、有效进行，需要遵循一定的程序。一般来说，财产清查的程序如下。

1. 成立财产清查领导小组

财产清查是一项复杂细致的工作，为了保证财产清查的质量，一般应在企业单位负责人(如厂长、经理等)的领导下，由会计、业务、仓库等有关部门的人员组成财产清查小组，具体负责财产清查的工作。

2. 做好清查前的准备工作

(1) 制订财产清查计划，确定清查对象、范围，配备清查人员，明确清查任务。

(2) 财务部门要将总账、明细账等有关资料登记齐全，核对正确，结出余额。财产保管部门对所保管的各种财产物资，贴上标签，标明品种、规格、数量，以备查对。

(3) 从银行取出银行存款和银行借款的对账单以便核查。

(4) 对需要使用的度量衡器，要提前校验正确，保证计量准确。对应用的所有表册，都要准备妥当。

3. 实施财产清查

在清查过程中，要根据清查对象的特点做好实地盘点，往来单据核对和查询工作。对能够进行盘点清查的，如现金、存货、固定资产等，要进行盘点清查；不能进行盘点清查的，如银行存款、债权债务等，要采用核对账目或查询的方法进行清查。清查时，实物保管人员、出纳人员，往来账户经管人员均应在场。清查过程中，要填写好财产物资盈亏，报告单等表格，完成相关手续，并将其作为财产清查结果处理的依据。

4. 对财产清查的结果进行处理

财产清查完成以后，对于盘盈、盘亏、毁损、变质和超储积压等问题，必须按国家有关财务制度的规定，上报批准后给予处理；对于产权不清或有争执的债权、债务，也应核准数额上报，待批准后处理。

二、财产物资的盘存制度

财产物资的盘存制度是指在日常会计核算中在确定各项财产物资盘存数时所采用的方法。企业财产物资的盘存制度通常有永续盘存制和实地盘存制两种。这两种盘存制度的有关内容见表 7-1。

表 7-1　财产物资的盘存制度

种　类	永续盘存制（账面盘存制）	实地盘存制（定期盘存制）
含　义	永续盘存制是指对各项财产物资的增减变动情况，都必须根据会计凭证在有关账簿中进行连续登记，并随时在账簿中结算出各项财产物资结存数的一种盘存制度	实地盘存制是指对各种财产物资平时只在明细账簿中登记增加数，不登记减少数，月末根据对财产物资实地盘点的结存数倒挤出财产物资的减少数，并据以登记有关账簿的一种盘存制度
计算公式	期末账面余额 = 期初账面余额 + 本期账面增加额 − 本期账面减少额	本期账面减少额 = 期初账面余额 + 本期账面增加额 − 本期盘点实际结存数额

（续）

种 类	永续盘存制（账面盘存制）	实地盘存制（定期盘存制）
优 点	采用永续盘存制，可以随时掌握和了解各项财产物资的增减变动和结存情况，有利于加强财产物资的管理	由于平时不需要计算、记录财产物资的减少数和结存数，可以大大简化日常核算的工作量，财产物资的收发手续也比较简便
缺 点	会计核算手续繁杂，工作量大	由于平时不作存货的减少记录，使得日常财产物资的实体流转与账面变化并不完全一致，且发货手续不严密，不利于存货的控制和管理
财产清查的目的	查明账实是否相符，以及不符的原因，保证财产物资的安全完整	查明期末存货的结存数额，登记入账；并倒挤出减少额，登记入账
适用范围	一般财产物资均应采用该种方法	价值低廉的小商品、鲜活商品、废旧物资等

三、财产清查的方法

1. 实物资产的清查

（1）实物资产的清查方法。实物资产主要是指存货（原材料、半成品、在产品、库存商品、周转材料等）和固定资产等。它们的清查，都要从品种、规格、数量和质量上进行清查。由于实物资产在形态、体积、重量、堆放方式等方面有所不同，实物数量的清查通常采用实地盘点和技术推算两种方法。

1）实地盘点是通过逐一清点或用计量器具来确定实物的实存数量。其适用的范围较广，在多数财产物资清查中都可以采用这种方法。

2）技术推算是通过量方、计尺等技术推算财产物资的结存数量。这种方法只适用于成堆、量大、价值不高却难以逐一清点的财产物资的清查。例如，露天堆放的煤炭等。

对于实物的质量，应根据不同的实物采用不同的检查方法。例如，有的采用物理方法，有的采用化学方法来检查实物的质量。

（2）根据清查结果填制原始凭证。

1）盘存单。为了明确经济责任，实物清查过程中，实物保管人员和盘点人员必须同时在场。根据盘点结果如实登记财产物资盘点报告单（简称盘存单），并由盘点人和实物保管人签字或盖章。盘存单既是记录盘点结果的书面证明，也是反映财产物资实存数的原始凭证。其一般格式如图 7-1 所示。

盘 存 单

存放地点： 年 月 日 编号：

编号	名 称	计量单位	数 量	单 价	金 额	备注

盘点人： 保管人：

图 7-1 盘存单

2）实存账存对比表。为了查明实存数与账存数是否一致，确定盘盈或盘亏情况，应根据盘存单和有关账簿的记录，编制实存账存对比表。根据实存账存对比表编制记账凭证，调整账簿记录。实存账存对比表的一般格式如图7-2所示。

实存账存对比表

年　　月　　日

编号	名称	计量单位	单价	实存		账存		盘盈		盘亏		备注
				数量	金额	数量	金额	数量	金额	数量	金额	

会计主管：　　　　会计：　　　　制表：

图7-2　实存账存对比表

3）固定资产盘盈盘亏报告表的一般格式如图7-3所示。

固定资产盈亏报告表

固定资产编号	固定资产名称	固定资产规格及型号	盘盈		盘亏			毁损			原因
			数量	重估价值	数量	原价	累计折旧	数量	原价	累计折旧	
处理意见	审批部门			清查小组				财产使用保管部门			

图7-3　固定资产盈亏报告表

对于委托外单位加工、保管的材料、商品、物资以及在途的材料、商品、物资等，可以用询证的方法与有关单位进行核对，以查明账实是否相符。

2. 货币资金的清查

（1）库存现金的清查。

1）每日业务终了，出纳人员都应将现金日记账的账面余额与现金的实存数进行核对，做到账款相符，日清日结。

2）有关部门还要对现金进行不定期清查。首先，盘点之前，出纳人员应先将现金收、付凭证全部登记入账，并结出余额。其次，盘点时，出纳人员必须在场。现金应逐张清点，如发现现金长款、短款，有关经办人员必须会同出纳人员核实清楚。盘点时，还应查明是否有违反现金管理制度的行为。盘点结束，应根据盘点结果，及时填制“库存现金盘点报告表”，并由盘点人员和出纳人员共同签字盖章，如图7-4所示。

现金盘点报告表

年　月　日　　　　　　编号：

实存金额	账存金额	盘盈	盘亏	备注

盘点人：　　　　　　出纳员：

图7-4　现金盘点报告表

（2）银行存款的清查。

1）清查银行存款。银行存款采用企业与银行核对账目的方法进行清查。开户银行送来的银行对账单，完整地记录了企业存放在银行的款项增减变动情况及余额。企业根据对账单与银行存款日记账逐笔核对，以查明银行存款的收入、付出和结余的记录是否正确。

清查结果，如果发现双方账目发生差错，应当查明原因，立即给予更正，保证双方账目记录正确无误。但即使双方记账都没有错误，银行存款日记账的余额和银行对账单的余额也往往不一致。这种不一致的原因可能不是由于某一方记账有错误，而是因为存在未达账项。

2）未达账项。未达账项也称未达款项，是指企业和银行之间由于凭证传递的原因造成一方已经入账，而另一方尚未入账的款项。未达账项产生的原因，有以下四种情况。

①企业送存银行的票据款项，企业已作存款增加入账，但银行尚未入账。

②企业开出支票或其他付款凭证，企业已作为银行存款减少入账，但银行尚未记账。

③银行代企业收进的款项，银行已入账，但企业尚未接到结算凭证，尚未入账。

④银行代企业支付的款项，银行已入账，但企业尚未接到结算凭证，尚未入账。

上述任何一种情况的发生，都会使双方的账面存款余额不一致。一般应编制银行存款余额调节表进行调节，验证调节后余额是否相等。

3）银行存款余额调节表的编制。

【例7-1】 2013年6月30日阳光公司银行存款日记账的账面余额为26 500元，银行对账单的余额为18 000元，经逐笔核对，发现有下列未达账项：

①29日，企业销售产品收到转账支票一张计20 000元，支票送交银行，企业登记银行存款日记账，但银行尚未办理入账手续。

②29日，企业采购原材料开出转账支票一张计2 000元，企业已作银行存款付出，银行尚未收到支票而未入账。

③30日，企业委托银行收取货款10 000元，银行收妥已入账，但尚未通知企业。

④30日，银行代付电话费500元，付款通知尚未到达企业，企业尚未入账。

根据以上资料编制银行存款余额调节表见表7-2。

表 7-2 银行存款余额调节表

2012 年 6 月 30 日　　单位：元

项　目	金　额	项　目	金　额
企业银行存款日记账余额	26 500	银行对账单余额	18 000
加：银行已收，企业未收的款项		加：企业已收，银行未收的款项	
银行代收货款	10 000	存入的转账支票	20 000
减：银行已付，企业未付的款项		减：企业已付，银行未付的款项	
银行代付电话费	500	开出转账支票	2 000
调节后存款余额	36 000	调节后存款余额	36 000

如果调节后双方余额相等，一般说明双方记账没有差错；若不相等，表明企业或银行某一方或双方记账有差错，应进一步核对，查明原因予以更正。

需要注意的是，银行对账单只起对账的作用，对于银行已经入账而企业尚未入账的未达账项，不能根据银行对账单和银行存款余额调节表来调整账面，必须待收到银行的有关结算凭证后方可入账。

3. 往来款项的清查

往来款项包括应收、应付款项，预收、预付款项。它们的清查采用与对方单位核对账目的方法。在检查本单位往来款项账目正确性的基础上，根据有关明细分类账的记录，按用户编制对账单，抄送对方单位进行核对。对账单一般一式两联，其中一联作为回单。如果对方单位核对相符，应在回单上盖章后退回；如果数字不符，则应将不符的情况在回单上注明，或另抄对账单退回，以便进一步清查核对。在核对过程中，如果发现未达账项，双方都应采用调节账面余额的方法来核对往来款项是否相符。尤其应注意查明有无双方发生争议的款项、收回无望的款项以及无法支付的款项，以便采取措施进行处理，避免坏账损失。

单元小结

★ 财产清查的工作程序。
★ 财产物资的盘存制度。
★ 财产清查前的准备工作。
★ 实物资产的清查方法。
★ 库存现金的清查方法；银行存款的清查方法。
★ 未达款项的含义及产生原因。
★ 银行存款余额调节表的编制方法。

第三单元　财产清查结果的处理

单元情景

老师：财产清查完成以后，会计人员根据财产物资盘点报告表，确定财产物资的盘盈、盘亏结果，及时调整账面，保证账实相符。然后必须将清查结果报给领导审批，根据审批结果，会计人员作出审批后的账务处理。那么，审批前、审批后应该如何处理账务呢？

知识储备

一、账户设置

由于财产清查结果需要进行审批前和审批以后的账务处理，应设置“待处理财产损溢”账户。该账户是一个暂记账户，核算企业在财产清查过程中登记各种财产物资的盘盈、盘亏和毁损。下设“待处理流动资产损溢”和“待处理固定资产损溢”两个二级科目，分别核算流动资产和固定资产的盈亏。借方登记各种财产物资的盘亏、毁损数，以及按照规定程序批准的盘盈转销数；贷方登记各种财产物资的盘盈数，以及按照规定程序批准的盘亏、毁损转销数。对于盘盈、盘亏的财产物资，在期末结账之前必须转销，不能挂账。因此，“待处理财产损溢”账户期末无余额。

二、账务处理

财产清查结果的账务处理，应分以下两步进行。

1. 审批前的账务处理

财产清查完成以后，会计人员根据财产物资盘点报告表，编制账存实存对比表，确定财产物资的盘盈、盘亏结果，通过“待处理财产损溢”账户，登记有关账簿，以调整有关账面记录，使账存数和实存数一致。

(1) 现金短缺属于应由责任人赔偿的部分，计入“其他应收款”；属于无法查明原因的，计入“管理费用”。现金溢余，能查明原因应支付给有关人员或单位的，计入“其他应付款”；无法查明原因的，计入“营业外收入”。

(2) 对于存货的盘盈和盘亏，由于运输、保管、收发过程中，计量、检验不准确，数量上发生自然增减变化的，一般增加或冲减“管理费用”；由于管理不善或工作人员失职，造成财产损失的，应由过失人负责赔偿，增加“其他应收款”；属于贪污盗窃、营私舞弊造成的损失或自然灾害造成的非常损失，应增加“营业外支出”。

(3) 对于固定资产盘盈盘亏，在按规定报请审批后，其盘盈净值增加“以前年度损益调整”，盘亏净值增加“营业外支出”。

2. 审批后的账务处理

审批以后，应根据批准的处理意见，按不同的情况，将盘盈或盘亏的财产物资的金额，再从“待处理财产损溢”账户转入有关账户。

【例 7-2】 企业在现金清查中发现库存现金短缺 50 元。

(1) 根据清查结果，填制“现金盘点报告表”。编制会计分录如下。

借：待处理财产损溢 ——待处理流动资产损溢　　50

　　贷：库存现金　　50

(2) 查明原因，批准转销。

1) 由于出纳人员工作失误造成的，责其赔偿，编制会计分录如下。

借：其他应收款——出纳员　　50

　　贷：待处理财产损溢 ——待处理流动资产损溢　　50

2) 原因不明，批准转销，增加管理费用，编制会计分录如下。

借：管理费用　　50

贷：待处理财产损溢 ——待处理流动资产损溢 50

3）非常损失(如盗窃)造成的，批准转销，编制会计分录如下。

借：营业外支出 50

贷：待处理财产损溢 ——待处理流动资产损溢 50

【例 7-3】企业在现金清查中发现库存现金长款100 元。

(1) 根据清查结果，填制“现金盘点报告表”。编制会计分录如下。

借：库存现金 100

贷：待处理财产损溢 ——待处理流动资产损溢 100

(2) 查明原因，批准转销。

1）多收客户款，应退还，编制会计分录如下。

借：待处理财产损溢 ——待处理流动资产损溢 100

贷：其他应付款——客户 100

2）无法查明原因，批准转销，编制会计分录如下。

借：待处理财产损溢 ——待处理流动资产损溢 100

贷：营业外收入 100

【例 7- 4】某企业在财产清查中，盘盈乙材料 60 千克，价值 1 800 元。

(1) 根据清查结果，填制“实存账存对比表”，编制会计分录如下。

借：原材料——乙材料 1 800

贷：待处理财产损溢——待处理流动资产损溢 1 800

(2) 查明原因作出账务处理。

盘盈材料属于计量不准造成的，经批准应冲减本月管理费用，编制会计分录如下。

借：待处理财产损溢 ——待处理流动资产损溢 1 800

贷：管理费用 1 800

【例 7-5】在财产清查中，甲材料实际库存较账面库存短缺 15 000 元。

(1) 根据“实存账存对比表”调整账面余额，编制会计分录如下。

借：待处理财产损溢——待处理流动资产损溢 15 000

贷：原材料—甲材料 15 000

(2) 查明原因作出账务处理。

1）属于定额内的自然损耗，则应作为管理费用，计入本期损益，编制会计分录如下。

借：管理费用 15 000

贷：待处理财产损溢——待处理流动资产损溢 15 000

2）属于管理人员过失造成的，则应由过失人赔偿，编制会计分录如下。

借：其他应收款——保管员 15 000

贷：待处理财产损溢——待处理流动资产损溢 15 000

3）属于非常灾害造成的损失，假如保险公司赔偿 12 000 元，其余列作营业外支出，编制会计分录如下。

借：营业外支出 3 000

其他应收款——保险公司 12 000

贷：待处理财产损溢——待处理流动资产损溢 15 000

【例 7-6】某企业在财产清查中，盘亏一台设备，账面原值 8 000 元，已提折旧 2 000 元。

(1) 审批之前，根据财产物资盘点报告单，编制会计分录如下。

借：待处理财产损溢——待处理固定资产损溢　　6 000
　　累计折旧　　2 000
　　贷：固定资产　　8 000

(2) 审批之后，转入营业外支出，编制会计分录如下。

借：营业外支出　　6 000
　　贷：待处理财产损溢——待处理固定资产损溢　　6 000

单元小结

★　“待处理财产损溢”账户。

★　盘盈、盘亏审批前和审批后的账务处理。

模块八

财务报告

学习目标

1. 知识目标：了解财务报告的含义；掌握财务报告的构成；了解财务报表的种类；理解财务报表的重要性；掌握编制财务报表的要求；掌握资产负债表、利润表的编制方法。

2. 能力目标：能根据会计准则的要求编制资产负债表、利润表。

3. 素质目标：养成良好的团队协作精神，客观公正、实事求是地反映会计信息的工作作风。

第一单元　认识财务报告

单元情景

投资者、债权人、企业管理者、政府职能部门等要想了解企业的财务状况和经营成果，必须查看企业的账务报表，企业财务报表主要包括资产负债表、现金流量表、所有者权益变动表和利润表等。应该如何编制财务报表呢？

知识储备

一、财务报告的含义

财务报告是指企业汇总会计核算资料对外提供的，反映企业某一特定日期财务状况和一定会计期间经营成果、现金流量等会计信息的报告性文件，是会计信息的主要载体，是会计核算工作的总结。

财务报告由财务报表和其他应当在财务报告中披露的相关信息和资料构成。财务报表至少包括资产负债表、利润表、现金流量表、所有者权益变动表及附注。

二、财务报表的种类

不同性质的经济单位由于会计核算的内容不一样，经济管理的要求不同，其所编制财务报表的种类也不尽相同。就企业而言，一般划分标准及报表种类见表 8-1。

表 8-1　财务报表的分类

划分标准	分　类	说　明
按财务报表反映的经济内容	反映企业某一特定日期财务状况的报表	资产负债表
	反映企业一定会计期间经营成果的财务报表	利润表
	反映企业一定时期所有者权益各组成部分的增减变动情况的报表	所有者权益变动表
	反映企业一定会计期间内财务状况变动情况的财务报表	现金流量表
按照财务报表报送对象分类	对外报送的财务报表	资产负债表、利润表、所有者权益变动表和现金流量表等。用于企业内部管理，但主要用于现在和潜在投资者、贷款人、政府机构、社会公众等外部使用者。这类报表一般有统一的格式和编制要求
	内部财务报表	成本费用报表。这类报表无规定的格式
按照财务报表编制的时间分类	年度财务报表	全面反映企业财务状况、经营成果及现金流量等方面信息的报表。应该在年度终了 4 个月内报出
	中期财务报表（半年度财务报表、季度财务报表和月份财务报表）	种类比年报少一些，半年度财务报表应该在中期结束 60 天内对外提供；季度财务报表应在季度终了 15 天内报出；月度财务报表在月度终了 6 天内报出
按照财务报表编制单位分类	单位财务报表	单位财务报表是指由独立核算的会计主体编制的，用以反映某一会计主体的财务状况、经营活动成果和费用支出及成本完成情况的报表
	汇总财务报表	汇总财务报表是指由上级主管部门将其所属各基层经济单位的财务报表，与其本身的财务报表汇总编制的，用以反映一个部门或一个地区经济情况的财务报表

三、财务报表的编制要求

为了充分发挥财务报表的作用，财务报表的种类、格式、内容、编制方法和报送时间应严格地按照统一规定执行，这样才能保证财务报表口径一致，便于有关部门利用财务报表了解、考核企业的经营管理情况。为确保财务报表质量，编制财务报表必须符合的要求见表 8-2。

表 8-2　财务报表编制要求

要　求	具体操作
数字真实	数字真实可靠，能准确地反映企业的财务状况和经营成果。不得以估计数字填列财务报表，更不得弄虚作假、篡改伪造数字
内容完整	报表项目填列齐全，不论主表、附表或补充资料，都不能漏填、漏报。各财务报表之间、项目之间凡有对应关系的数据，应该相互一致，做到表表相符

（续）

要　求	具体操作
计算正确	各项指标，都必须按《企业会计准则》的要求填列，口径一致，计算准确
编报及时	应按规定的时间编制财务报表，及时逐级汇总，以便使用者及时、有效地利用财务报表资料

单元小结

★ 财务报告的含义、财务报告的构成、财务报告的作用。

★ 财务报表的分类、编制要求。

第二单元　财务报表的编制

单元情景

老师发给大家每人两张财务报表：资产负债表、利润表，让大家分析报表的结构、项目内容，并思考编制方法。老师给出海洋公司2012年3月31日的总分类账户与明细账户等相关资料，让大家尝试着编制这两张财务报表。

知识储备

一、资产负债表的编制

1. 资产负债表的含义

资产负债表也称财务状况表，是反映企业在某一特定日期(月末、季末或年末)全部资产、负债和所有者权益情况的财务报表。它是依据“资产 = 负债 + 所有者权益”这一会计等式设置的。它表明企业在某一特定日期所拥有或控制的经济资源、所承担的现有义务和所有者对净资产的要求权。它是一张揭示企业在某一特定时点财务状况的静态报表。

2. 资产负债表的结构

资产负债表一般有表头、正表两部分。

表头包括报表名称、编制单位、编制日期、报表编号、货币名称和计量单位等。

正表是资产负债表的主体，列示了用以说明企业财务状况的各个项目。资产负债表正表的格式一般有两种：报告式资产负债表、账户式资产负债表。我国一般采用账户式资产负债表。

账户式资产负债表是左右结构，左边列示资产，右边列示负债和所有者权益。因此，左方的资产总额等于右方的负债和所有者权益总额。资产负债表左、右两方各项目前后顺序是按其流动性排列的，一般企业的资产负债表的基本格式见表8-3。

表8-3　资产负债表的格式

编制单位：　　　　　　　　　　年　　月　　日　　　　　　　　　　单位：元

资 产	期末余额	年初余额	负债和所有者权益	期末余额	年初余额
流动资产：			流动负债：		

（续）

资产	期末余额	年初余额	负债和所有者权益	期末余额	年初余额
货币资金			短期借款		
应收票据			应付票据		
应收账款			应付账款		
预付款项			预收账款		
应收利息			应付职工薪酬		
应收股利			应交税费		
其他应收款			应付利息		
存货			应付股利		
流动资产合计			其他应付款		
非流动资产：			流动负债合计		
固定资产			非流动负债：		
工程物资			长期借款		
在建工程			应付债券		
无形资产			长期应付款		
非流动资产合计			非流动负债合计		
			负债合计		
			所有者权益：		
			实收资本		
			资本公积		
			盈余公积		
			未分配利润		
			所有者权益合计		
资产总计			负债和所有者权益总计		

3. 资产负债表的作用

资产负债表主要有以下三方面的作用。

（1）反映企业在某一时点的资产总额、资产的分布状态、构成比例。资产总量的高低在一定程度上可以说明企业的经营规模和盈利基础大小。企业的资产结构反映其生产经营过程的特点，有利于报表使用者进一步分析企业生产经营的稳定性。

（2）反映企业在某一时点的负债总额以及流动负债与非流动负债的构成。它说明了企业的债务负担，负债和所有者权益的比重反映了企业的财务安全程度。负债结构反映了企业偿还负债的紧迫性和偿债压力的大小。

（3）反映企业所有者权益的情况，表明净资产在企业资产中所占的份额，了解所有者权益的构成情况，有助于报表使用者分析、预测企业生产经营的安全程度和抗风险的能力。

4. 资产负债表的编制方法

资产负债表中“年初余额”应根据上年年末资产负债表中期末余额栏中的数字填列。期末余额各项目填列方法见表8-4，填列项的归纳列表见表8-5。

表 8-4 资产负债表各项目期末余额的填列方法

序号	项 目	填 列 方 法
1	货币资金	根据现金、银行存款、其他货币资金科目的期末余额合计数填列
2	应收票据	根据应收票据科目的期末余额填列
3	应收账款	根据应收账款所属各明细科目的期末借方余额合计数，减去坏账准备期末余额后的金额填列。如应收账款所属明细科目期末有贷方余额，应在本表预收账款项目内填列
4	应收股利	根据应收股利科目的期末余额填列
5	应收利息	根据应收利息科目的期末余额填列
6	其他应收款	根据其他应收款科目的期末余额，减去坏账准备科目中有关其他应收款计提的坏账准备期末余额后的金额填列
7	预付账款	根据预付账款科目所属各明细科目的期末借方余额合计填列。预付账款科目所属有关明细科目期末有贷方余额的，应在本表应付账款项目内填列
8	存货	根据在途物资、原材料、库存商品、生产成本等科目的期末余额合计数填列
9	固定资产	根据固定资产科目的期末余额，减去累计折旧科目期末余额后的金额填列
10	在建工程	根据在建工程科目的期末余额填列
11	工程物资	根据工程物资科目的期末余额填列
12	无形资产	根据无形资产科目的期末余额，减去累计摊销科目期末余额后的金额填列
13	短期借款	根据短期借款科目的期末余额填列
14	应付票据	根据应付票据科目的期末余额填列
15	应付账款	根据应付账款科目所属各有关明细科目的期末贷方余额合计填列。如应付账款科目所属明细科目期末有借方余额，应在本表预付账款项目内填列
16	预收账款	根据预收账款科目所属各有关明细科目的期末贷方余额合计填列，如预收账款科目所属有关明细科目有借方余额的应在本表应收账款项目内填列
17	应付职工薪酬	根据应付职工薪酬科目期末贷方余额填列。如应付职工薪酬科目期末为借方余额以“－”号填列
18	应交税费	根据应交税费科目的期末贷方余额填列。如应交税费科目期末为借方余额，以“－”号填列
19	应付利息	根据应付利息科目的期末贷方余额填列
20	应付股利	根据应付股利科目的期末余额填列
21	其他应付款	根据其他应付款科目的期末余额填列
22	长期借款	根据长期借款科目的期末余额，扣除长期借款科目所属明细科目中将于一年内到期的长期借款部分的金额填列
23	应付债券	根据应付债券科目的期末余额，扣除应付债券科目所属明细科目中将于一年内到期部分的金额填列
24	长期应付款	根据长期应付款科目的期末余额，扣除长期应付款科目所属明细科目中将于一年内到期的长期应付款部分的金额填列
25	实收资本	根据实收资本（或股本）科目的期末余额填列
26	资本公积	根据资本公积科目的期末余额填列

（续）

序号	项 目	填 列 方 法
27	盈余公积	根据盈余公积科目的期末余额填列
28	未分配利润	根据本年利润科目和利润分配科目的余额相加或相减填列，贷方余额直接填列，借方余额负数填列

表 8-5 资产负债表项目的填列项的归纳列表

	填 列 方 法	具 本 项 目
1	根据总账科目余额直接填列	应收票据、应收股利、短期借款、应付职工薪酬、应付利息、应付股利、其他应付款、实收资本、资本公积、盈余公积等
2	根据总账科目余额计算填列	货币资金、存货、固定资产、未分配利润
3	根据明细科目余额分析计算填列	应收账款、应收账款、应付账款、预付账款
4	根据总账科目和明细科目余额分析计算填列	长期借款、应付债券、长期应付款等

5. 业务实例

海洋公司 2012 年 3 月 31 日的总分类账户与部分明细账户的余额见表 8-6 交，资产负信表各项目的填列方法见表 8-7，编制的资产负债表见表 8-8。

表 8-6 海洋公司 2012 年 3 月 31 日总分类账户与部分明细账户余额

账户名称	借方金额	账户名称	贷方金额
库存现金	138	短期借款	60 000
银行存款	74 000	应付票据	2 900
应收账款——超日公司 ——华美公司	32 000 －5 350	应付账款——京能公司 ——景阳公司	30 000 －10 000
其他应收款	170	应付职工薪酬	2 600
应收票据	23 400	应交税费	30 969. 6
预付账款	5 375	实收资本	199 000
在途物资	1 200	资本公积	13 744
原材料	60 200	盈余公积	10 263. 81
生产成本	20 955	利润分配	55 845. 59
库存商品	38 115		
固定资产	197 920		
累计折旧	69 800		
无形资产	17 000		
合计	395 323	合计	395 323

表 8-7 资产负债表各项目期末余额的填列方法

序号	项 目	填 列 方 法
1	货币资金	库存现金＋银行存款＝138＋74 000＝74 138(元)

（续）

序号	项　目	填 列 方 法
2	应收票据	23 400 元
3	应收账款	根据应收账款所属各明细科目的期末借方余额合计数填列 32 000 元，应收账款所属明细科目期末贷方余额 5 350 元，应在本表预收账款项目内填列
4	应收股利	0
5	应收利息	0
6	其他应收款	170 元
7	预付账款	预付账款科目所属各明细科目的期末借方余额 + 应付账款科目所属明细科目期末借方余额 5 375 + 10 000 = 15 375（元）
8	存货	在途物资 + 原材料 + 库存商品 + 生产成本 = 1 200 + 60 200 + 38 115 + 20 955 = 120 470（元）
9	固定资产	固定资产 − 累计折旧 = 197 920 − 69 800 = 128 120（元）
10	在建工程	0
11	工程物资	0
12	无形资产	17 000 元
13	短期借款	60 000 元
14	应付票据	2 900 元
15	应付账款	应付账款科目所属各有关明细科目的期末贷方余额合计填列 30 000 元；应付账款科目所属明细科目期末有借方余额 10 000 元，应在本表预付账款项目内填列
16	预收账款	5 350 元
17	应付职工薪酬	2 600 元
18	应交税费	30 969.6 元
19	应付利息	0
20	应付股利	0
21	其他应付款	0
22	长期借款	0
23	应付债券	0
24	长期应付款	0
25	实收资本	199 000 元
26	资本公积	13 744 元
27	盈余公积	10 263.81 元
28	未分配利润	55 845.59 元

表 8-8　资产负债表 1

编制单位：海洋公司　　　　2012 年 3 月 31 日　　　　单位：元

资 产	期末余额	年初余额	负债和所有者权益	期末余额	年初余额
流动资产：		略	流动负债：		略
货币资金	74 138		短期借款	60 000	
应收票据	23 400		应付票据	2 900	

（续）

资 产	期末余额	年初余额	负债和所有者权益	期末余额	年初余额
应收账款	32 000		应付账款	30 000	
预付款项	15 375		预收账款	5 350	
应收利息	0		应付职工薪酬	2 600	
应收股利	0		应交税费	30 969. 60	
其他应收款	170		应付利息	0	
存货	120 470		应付股利	0	
流动资产合计	265 553		其他应付款	0	
非流动资产：			流动负债合计	131 819. 60	
固定资产	128 120		非流动负债：		
工程物资	0		长期借款		
在建工程	0		应付债券		
无形资产	17 000		长期应付款		
非流动资产合计	145 120		非流动负债合计		
			负债合计	131 819. 60	
			所有者权益：		
			实收资本	199 000	
			资本公积	13 744	
			盈余公积	10 263. 81	
			未分配利润	55 845. 59	
			所有者权益合计	278 853. 40	
资产总计	410 673		负债和所有者权益总计	410 673	

二、利润表的编制

1. 利润表的含义

利润表是总括反映企业在一定时期(年度、季度或月度)内经营成果的会计报表。它的理论依据是“收入－费用＝利润”。企业一定会计期间的经营成果既可能表现为盈利，也可能表现为亏损，因此，利润表也被称为损益表。

2. 利润表的结构

利润表是通过对当期的收入、费用项目按性质加以归类，按利润形成的主要环节列示一些中间性的利润指标，如营业利润、利润总额、净利润，分步计算当期净损益。

为了清楚地反映各项指标的报告期数及从年初到报告期为止的累计数，在利润表中应分别设置“本月数”和“本年累计数”两栏。

利润表的格式见表 8-9。

表 8-9 利润表的格式

编报单位： 年 月 单位：元

项 目	序号	本期金额	本年累计
一、营业收入	1		

（续）

项　目	序号	本期金额	本年累计
减：营业成本	2		
营业税金及附加	3		
销售费用	4		
管理费用	5		
财务费用	6		
加：投资收益（损失以“－”号填列）	7		
二、营业利润（亏损以“－”号填列）	8		
加：营业外收入	9		
减：营业外支出	10		
三、利润总额（亏损以“－”号填列）	11		
减：所得税费用	12		
四、净利润	13		

3. 利润表的作用

利润表的作用主要有以下三方面。

（1）了解企业收入、费用情况，反映利润的构成与结果，说明企业财富增长的规模，解释、评价和预测企业的经营成果和获利能力。

（2）了解企业不同时期的比较数字（本月数、本年累计数、上年数），分析企业利润的发展趋势和偿债能力。

（3）考核企业管理的绩效。

4. 利润表的编制方法

利润表本期金额的填列方法：

（1）营业收入项目应根据“主营业务收入”、“其他业务收入”科目的发生额相加填列。

（2）营业成本项目应根据“主营业务成本”、“其他业务成本”科目的发生额相加填列。

（3）营业税金及附加、销售费用、管理费用、投资收益、营业外收入、营业外支出、所得税费用等项目应根据相应科目的本期实际发生额直接填列。

（4）利润总额、净利润项目如为亏损，以“－”号填列。“本年累计数”栏目反映各项目自年初起到本报告期止的累计发生额，应根据上月利润表的累计数加上本月利润表的本月数之和填列。

5. 业务实例

海洋公司 2012 年 3 月 31 日损益类账户本期发生额见表 8-10，编制利润表见表 8-11。

表 8-10　损益类账户本期发生额

账户名称	借方金额	贷方金额
主营业务收入		110 000
其他业务收入		7 000

（续）

账户名称	借方金额	贷方金额
主营业务成本	48 430	
营业税金及附加	5 500	
销售费用	1 000	
管理费用	6 050	
财务费用	300	
其他业务成本	5 000	
营业外支出	1 100	
所得税费用	12 405	

表 8-11　利润表 1

编报单位：海洋公司　　2012 年 3 月　　单位：元

项　目	序　号	本期金额	本年累计
一、营业收入	1	117 000	
减：营业成本	2	53 430	
营业税金及附加	3	5 500	
销售费用	4	1 000	
管理费用	5	6 050	
财务费用	6	300	
加：投资收益（损失以“－”号填列）	7		
二、营业利润（亏损以“－”号填列）	8	50 720	
加：营业外收入	9		
减：营业外支出	10	1 100	
三、利润总额（亏损以“－”号填列）	11	49 620	
减：所得税费用	12	12 405	
四、净利润	13	37 215	

单元小结

★　资产负债表的含义、理论依据、结构、作用。

★　资产负债表的编制方法。

★　利润表的含义、理论依据、结构、作用。

★　利润表的编制方法。

9

模块九

会计核算程序

学习目标

1. 知识目标：了解会计核算程序的含义；理解科学合理的会计核算程序的重要性；了解会计核算程序的种类；理解记账凭证核算程序及科目汇总表核算程序的特点、适用范围。

2. 能力目标：能运用记账凭证核算程序、科目汇总表核算程序。

3. 素质目标：培养严谨的工作作风、过硬的会计技能。

第一单元　了解会计核算程序

单元情景

老师：在前面的学习中，我们完成了会计凭证、会计账簿、财务报表的学习，那么，如何将凭证、账簿、报表结合在一起，完成会计记账工作呢？

知识储备

一、会计核算程序的含义

会计核算程序也称会计核算形式或账务处理程序，是指会计核算过程中账簿组织、记账程序有机结合的方式。账簿组织是指会计凭证和账簿的种类、格式及账簿之间的相互关系；记账程序是指从取得原始凭证到产生会计信息的步骤和方法。其主要内容包括填制、整理、汇总原始凭证，填制记账凭证，登记各种账簿，编制会计报表这一整个过程的步骤和方法。

科学合理地选择会计核算程序，可以使会计数据的处理过程有条不紊地进行，确保会计记录正确、完整以及会计信息相关、可靠；可以减少不必要的会计核算环节和手续，节约人力、物力和财力，提高会计工作效率；对会计核算工作的分工协作、责任划分，充分发挥会计工作的监督职能，有重要意义。

企业由于业务性质、规模大小和经济业务的繁简程度各异，决定其适用的会计核算程序也不同。

二、会计核算程序的种类

目前，在我国企业、事业、机关等单位，会计核算一般采用的主要账务处理程序有：记账凭证核算程序、科目汇总表核算程序、汇总记账凭证核算程序、日记总账核算程序、多栏式日记账核算程序。

以上五种会计核算程序既有共同点，又有各自的特点。其中，记账凭证核算程序是最基本的一种，其他会计核算程序都是由此发展、演变而来的。因此，五种会计核算程序有很多共同点，其共同点可以归纳为六个方面。

（1）将同类经济业务的原始凭证汇总编制成汇总原始凭证。

（2）根据原始凭证或汇总原始凭证编制记账凭证。

（3）根据记账凭证中的收款凭证和付款凭证登记现金日记账和银行存款日记账。

（4）根据原始凭证、汇总原始凭证和记账凭证登记有关的明细分类账。

（5）定期将日记账和明细分类账同总分类账进行核对。

（6）定期根据总分类账和明细分类账编制会计报表。

这几种会计核算形式的主要区别是登记总分类账的依据和方法不同。

在实际工作中，各经济单位可根据实际需要选择其中一种会计核算程序，也可将多种会计核算程序的优点结合起来使用，以满足本单位经营管理的需要。单位实现会计电算化以后，不存在会计核算程序的选择问题。

目前，中小企业常用的核算程序是记账凭证核算程序和科目汇总表核算程序。大中型企业一般实现了会计电算化。

单元小结

★　会计核算程序的含义。

★　会计核算程序的种类、共同点。

第二单元　记账凭证核算程序

单元情景

根据万华公司2012年1月份的经济业务资料，按记账凭证核算程序的要求，完成会计核算工作。

知识储备

一、记账凭证核算程序的设计要求

记账凭证核算程序要求直接根据记账凭证逐笔登记总分类账。

在记账凭证核算程序下，记账凭证一般使用收款凭证、付款凭证和转账凭证三种格式，也可采用通用记账凭证。账簿需要设置现金日记账、银行存款日记账、明细分类账和总分类账。日记账和总账一般采用三栏式订本账；明细分类账可根据需要采用三栏式、数量金额式和多栏式活页账。

二、记账凭证核算程序的工作步骤

记账凭证核算程序的工作步骤，如图9-1所示。

（1）根据原始凭证或原始凭证汇总表填制记账凭证。

（2）根据收款凭证和付款凭证逐笔登记现金日记账和银行存款日记账。

（3）根据原始凭证、原始凭证汇总表和记账凭证登记各种明细分类账。

（4）根据记账凭证逐笔登记总分类账。

（5）月末，将现金日记账、银行存款日记账、明细分类账分别和总分类账核对。

（6）月末，根据核对无误的总分类账和明细分类账的相关资料，编制会计报表。

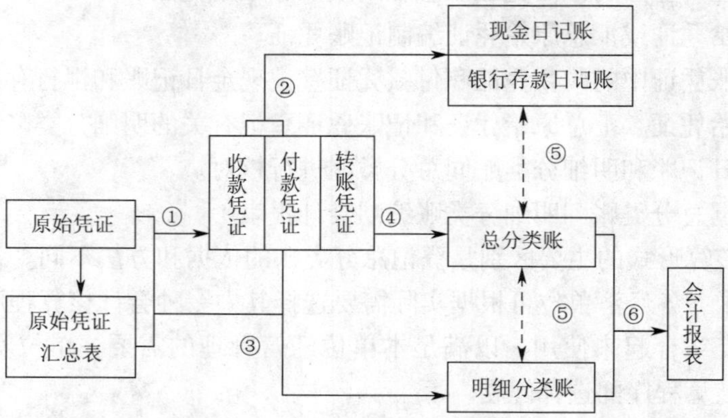

图 9-1　记账凭证账务处理程序的工作步骤

三、记账凭证核算程序的优缺点及适用范围

由于记账凭证核算组织程序是根据记账凭证直接登记总分类账，因而容易理解，便于掌握，同时也便于查账和对账。但是，当企业的业务量较大时，逐笔登记总分类账会增加登记总账的工作量。这种核算程序适用于一些规模小、业务量少、凭证不多的单位。

四、业务实例

万华公司主要生产 A、B 两种产品。该公司被税务机关核准为一般纳税人，增值税税率为 17%，公司所得税税率为 25%。公司拥有一个基本生产车间，由于业务少会计核算采用记账凭证核算程序，存货采用实际成本核算。2012 年 1 月 1 日各总分类账户及有关明细分类账户资料见表 9-1。

1. 建账

建账是根据企业实际情况选择记账凭证、设置账簿；同时将账户的期初余额登记入账。由于教材篇幅所限，只开设“应收账款”、“应付账款”、“原材料”、“库存商品”、“制造费用”、“生产成本”明细账作为展示三栏式、数量金额式、多栏式账页的范例。

表 9-1　总分类账户及有关明细分类账的期初余额表

资　产		负债及所有者权益	
项　目	借方余额	项　目	贷方余额
库存现金	3 200	短期借款	300 000
银行存款	563 200	应交税费	3 700
应收账款	38 000	应付职工薪酬	129 800
原材料	28 750	应付利息	6 200
库存商品	54 400	实收资本	3 000 000

（续）

资 产		负债及所有者权益	
项 目	借方余额	项 目	贷方余额
固定资产	3 700 000	盈余公积	250 000
累计折旧	– 341 850	利润分配	356 000
合计	4 045 700	合计	4 045 700

其中有关明细账资料如下。

应收账款中应收信德公司的账款为 38 000 元。

原材料、库存商品明细资料见表 9-2。

表 9-2 原材料、库存商品明细资料

原材料	数 量	单 价	金 额
——甲材料	20 吨	810 元/吨	16 200 元
——乙材料	50 千克	151 元/千克	7 550 元
其他材料			5 000 元
库存商品			
——A 产品	200 件	140 元/件	28 000 元
——B 产品	264 件	100 元/件	26 400 元

根据上述资料开设现金日记账、银行存款日记账、总账、明细账并将期初余额登记入账。

2. 经济业务发生编制记账凭证

经济业务可以分为两类：日常发生的经济业务、月末结账业务。

（1）日常会计事项的核算。

万华公司 1 月份日常发生的经济业务如下：

1）2 日，向圣阳公司购入甲材料 300 吨，单价 800 元，计 240 000 元，增值税进项税额为 40 800 元，价税合计 280 800 元尚未支付；用银行存款支付材料运费 3 000 元；材料已验收入库，结转采购成本。

2）2 日，业务员张明出差借支差旅费 800 元，以现金支付。

3）2 日，从银行取得贷款 300 000 元，存入存款户，期限 6 个月，年利率 8%。

4）3 日，用银行存款发放上年度 12 月份工资 129 800 元。

5）3 日，用银行存款支付上月应交税费 3 700 元；支付上年第四季度借款利息 6 200 元。

6）3 日，收回信德公司所欠货款 38 000 元存入银行。

7）4 日，向立志材料厂购入乙材料 1 200 千克，单价 150 元，计 180 000 元，增值税进项税额为 30 600 元，运杂费 1 200 元，全部款项以银行存款支付，材料验收入库。

8）4 日，销售给新华公司 A 产品 800 件，单价 300 元，计 240 000 元；B 产品 400 件，单价 150 元，计 60 000 元。增值税销项税额共计 51 000 元，产品发出，全部款项尚未收回。

9）5 日，用银行存款支付圣阳公司货款 280 800 元。

10）6 日，生产领用甲材料 200 吨，共计 162 000 元。其中，生产 A 产品耗用 150 吨，生产 B 产品耗用 50 吨。

11）7 日，生产领用乙材料 1 000 千克，共计 151 000 元。其中，400 千克用于生产 A 产品；550 千克用于生产 B 产品；生产车间耗用乙材料 50 千克。

12）8 日，收到新华公司货款 351 000 元存入银行。

13）9 日，张明出差回来，报销差旅费 1 040 元，补付现金 240 元。

14）10 日，办公室购办公用品 360 元，以现金支付。

15）10 日，从银行提取现金 5 000 元备用。

16）13 日，销售给兰苑公司 A 产品 300 件，单价 300 元，价款 90 000 元；B 产品 500 件，单价 150 元，价款 75 000 元。增值税销项税额共计 28 050 元，收到货款 50 000 元存入银行，其余货款暂欠。

17）14 日，用银行存款偿还短期借款 120 000 元。

18）15 日，用银行存款向灾区捐款 6 000 元。

19）17 日，以现金支付审计费 900 元。

20）19 日，以银行存款支付广告费 10 000 元。

21）20 日，收到兰苑公司货款 30 000 元，已存入银行。

22）24 日，青蓝公司发来甲材料 200 吨，单价 800 元，价款 160 000 元，增值税进项税为 27 200 元，运杂费 2 000 元，材料已验收入库，全部款项 189 200 元暂欠。

23）24 日，销售给新华公司 A 产品 600 件，单价 300 元，计 180 000 元，增值税销项税为 30 600 元，全部款项尚未收回。

24）25 日，销售多余材料价值 7 000 元，增值税税率 17%，销项税计 1 190 元。款已收到存入银行。材料的实际成本 5 000 元。

25）27 日，以银行存款支付本月水电费 24 000 元，其中生产耗用 21 000 元，行政管理部门耗用 3 000 元。

26）27 日，为客户修理设备收取服务费现金 600 元。

（2）根据上述经济业务，编制记账凭证。

对于收款业务、付款业务，会计人员要及时编制记账凭证，并经审核后逐日逐笔地登记现金日记账和银行存款日记账。

转账业务可以根据实际情况定期编制记账凭证，登记明细账和总账。上述业务编制的记账凭证见表 9-3 ~ 表 9-7。

（3）根据收款凭证、付款凭证逐日逐笔登记现金日记账和银行存款日记账，见表 9-8 和表 9-9。

（4）根据记账凭证登记明细账和总分类账，明细账见表 9-10 ~ 表 9-21。

表 9-3　收款凭证 1

借方科目：库存现金

2012 年		凭证号数	摘要	贷方科目	明细科目	金额
月	日					
1	27	现收 1	修理服务	其他业务收入	劳务收入	600

表 9-4 收款凭证 2

借方科目：银行存款

2012 年		凭证号数	摘要	贷方科目	明细科目	金额
月	日					
1	2	银收 1	取得贷款	短期借款		300 000
	3	银收 2	收回货款	应收账款	信德公司	38 000
	8	银收 3	收回货款	应收账款	新华公司	351 000
	13	银收 4	销售产品	主营业务收入	产品销售	50 000
	20	银收 5	收回货款	应收账款	兰苑公司	30 000
	25	银收 6	销售材料	其他业务收入	材料销售	7 000
				应交税费	应交增值税	1 190

表 9-5 付款凭证 1

贷方科目：库存现金

2012 年		凭证号数	摘要	借方科目	明细科目	金额
月	日					
1	2	现付 1	张明借款	其他应收款	张明	800
	9	现付 2	张明报差旅费	管理费用	差旅费	240
	10	现付 3	购买办公用品	管理费用	办公费	360
	17	现付 4	支付审计费	管理费用	其他	900

表 9-6 付款凭证 2

贷方科目：银行存款

2012 年		凭证号数	摘要	借方科目	明细科目	金额
月	日					
1	2	银付 1	支付材料运费	在途物资	甲材料	3 000
	3	银付 2	发放工资	应付职工薪酬	工资	129 800
	3	银付 3	支付税金	应交税费		3 700
	3	银付 4	支付利息	应付利息		6 200
	4	银付 5	购买材料	原材料	乙材料	181 200
				应交税费	应交增值税	30 600
	5	银付 6	偿还货款	应付账款	圣阳公司	280 800
	10	银付 7	提现金	库存现金		5 000
	14	银付 8	偿还借款	短期借款		120 000
	15	银付 9	向灾区捐款	营业外支出		6 000
	19	银付 10	支付广告费	销售费用	广告费	10 000
	27	银付 11	支付水电费	制造费用	水电费	21 000
		银付 11	支付水电费	管理费用	水电费	3 000

表 9-7 转账凭证 1

2012 年		凭证号数	摘 要	账户名称		金额	
月	日			会计科目	明细科目	借方	贷方
1	2	转 1	购买材料	在途物资	甲材料	240 000	
				应交税费	应交增值税	40 800	
				应付账款	圣阳公司		280 800
	2	转 2	结转采购成本	原材料	甲材料	243 000	
				在途物资	甲材料		243 000
	4	转 3	销售产品	应收账款	新华公司	351 000	
				主营业务收入			300 000
				应交税费	应交增值税		51 000
	6	转 4	生产领料	生产成本	A 产品	121 500	
				生产成本	B 产品	40 500	
				原材料	甲材料		162 000
	7	转 5	生产领料	生产成本	A 产品	60 400	
				生产成本	B 产品	83 050	
				制造费用	材料费	7 550	
				原材料	乙材料		151 000
	9	转 6	张明报差旅费	管理费用	差旅费	800	
				其他应收款	张明		800
	13	转 7	销售产品	应收账款	兰苑公司	143 050	
				主营业务收入	产品销售		115 000
				应交税费	应交增值税		28 050
	24	转 8	购买材料	原材料	甲材料	162 000	
				应交税费	应交增值税	27 200	
				应付账款	青蓝公司		189 200
	24	转 9	销售产品	应收账款	新华公司	210 600	
				主营业务收入	产品销售		180 000
				应交税费	应交增值税		30 600

表 9-8 现金日记账

2012 年		凭证		摘 要	对方科目	借方	贷方	余额
月	日	字	号					
1	1			期初余额				3 200
2	3	现付	1	张明借款	其他应收款		800	2 400
	9	现付	2	张明报差旅费	管理费用		240	2 160
	10	现付	3	购买办公用品	管理费用		360	1 800
	10	现付	7	提现金	银行存款	5 000		6 800

（续）

2012年		凭证		摘要	对方科目	借方	贷方	余额
月	日	字	号					
	17	现付	4	支付审计费	管理费用		900	5 900
	27	现收	1	修理服务	其他业务收入	600		6 500
	31			本月合计		5 600	2 300	6 500

表9-9　银行存款日记账

2012年		凭证		摘要	对方科目	借方	贷方	余额
月	日	字	号					
1	1			期初余额				563 200
	2	银付	1	支付材料运费	在途物资		3 000	560 200
		银收	1	取得短期借款	短期借款	300 000		860 200
	3	银付	2	发放工资	应付职工薪酬		129 800	730 400
		银付	3	支付税金	应交税费		3 700	726 700
		银付	4	支付利息	应付利息		6 200	720 500
		银收	2	收回货款	应收账款	38 000		758 500
	4	银付	5	购买材料	原材料应交税费		211 800	546 700
	5	银付	6	偿还货款	应付账款		280 800	265 900
	8	银收	3	收回货款	应收账款	351 000		616 900
	10	银付	7	提现金	库存现金		5 000	611 900
	13	银收	4	销售产品	主营业务收入	50 000		661 900
	14	银付	8	偿还短期借款	短期借款		120 000	541 900
	15	银付	9	向灾区捐款	营业外支出		6 000	535 900
	19	银付	10	支付广告费	销售费用		10 000	525 900
	20	银收	5	收回货款	应收账款	30 000		555 900
	25	银收	6	销售材料	其他业务收入	8 190		564 090
	27	银付	11	支付水电费	制造、管理费用		24 000	540 090
	31			本月合计		777 190	800 300	540 090

表9-10　应收账款明细账1

二级科目：信德公司

2012年		凭证号数	摘要	借方	贷方	借或贷	余额
月	日						
1	1		期初余额			借	38 000
	3	银收2	收回货款		38 000	平	0

（续）

2012年		凭证号数	摘要	借方	贷方	借或贷	余额
月	日						
	31		本月合计		38 000	平	0

表 9-11　应收账款明细账 2

二级科目：新华公司

2012年		凭证号数	摘要	借方	贷方	借或贷	余额
月	日						
1	4	转3	销售产品	351 000		借	351 000
	8	银收3	收回货款		351 000	平	0
	24	转9	销售产品	210 600		贷	210 600
	31		本月合计	561 600	351 000	贷	210 600

表 9-12　应收账款明细账 3

二级科目：兰苑公司

2012年		凭证号数	摘要	借方	贷方	借或贷	余额
月	日						
1	13	转7	销售产品	143 050		借	143 050
	20	银收5	收回货款		30 000	借	113 050
	31		本月合计	143 050	30 000	借	113 050

表 9-13　原材料明细账 1

材料名称及规格：甲材料　　　　计量单位：吨

2012年		凭证号数	摘要	收入			发出			结存		
月	日			数量	单价	金额	数量	单价	金额	数量	单价	金额
1	1		期初余额							20	810	16 200
	2	转2	购入	300	810	243 000				320	810	259 200
	6	转4	领用				200	810	162 000	120	810	97 200
	24	转8	购入	200	810	162 000				320	810	259 200
	31		本月合计	500	810	405 000	200	810	162 000	320	810	259 200

表 9-14　原材料明细账 2

材料名称及规格：乙材料　　　　计量单位：千克

2012年		凭证号数	摘要	收入			发出			结存		
月	日			数量	单价	金额	数量	单价	金额	数量	单价	金额
1	1		期初余额							50	151	7 550
	4	银付5	购入材料	1 200	151	181 200				1 250	151	188 750

（续）

2012年 月	日	凭证号数	摘要	收入 数量	收入 单价	收入 金额	发出 数量	发出 单价	发出 金额	结存 数量	结存 单价	结存 金额
	7	转5	生产领用				1 000	151	151 000	250	151	37 750
	31		本月合计	1 200	151	181 200	1 000	151	151 000	250	151	37 750

表9-15　库存商品明细账1

产品品种：A产品　　　　　　　　　　　　　　　　计量单位：件

2012年 月	日	凭证号数	摘要	收入 数量	收入 单价	收入 金额	发出 数量	发出 单价	发出 金额	结存 数量	结存 单价	结存 金额
1	1		期初余额							200	140	28 000
	31	转14	完工入库	2 000	140	280 000				2 200	140	308 000
	31	转17	结转成本				1 700	140	238 000	500	140	70 000
	31		本月合计	2 000	140	280 000	1 700	140	238 000	500	140	70 000

表9-16　库存商品明细账2

品品种：B产品　　　　　　　　　　　　　　　　计量单位：件

2012年 月	日	凭证号数	摘要	收入 数量	收入 单价	收入 金额	发出 数量	发出 单价	发出 金额	结存 数量	结存 单价	结存 金额
1	1		期初余额							264	100	26 400
	31	转14	完工入库	1 790	100	179 000				2 054	100	205 400
		转17	结转成本				900	100	90 000	1 154	100	115 400
			本月合计	1 790	100	179 000	900	100	90 000	1 154	100	11 540

表9-17　制造费用明细账

2012年 月	日	凭证 种类	凭证 号码	摘要	借方 材料费	借方 人工费	借方 劳保费	借方 折旧费	借方 水电费	借方 其他	贷方	余额
1	7	转	5	领用材料	7 550							7 550
	27	银付	11	支付水电费用					21 000			28 550
	31	转	10	分配工资费用		24 000						52 550
	31	转	11	计提折旧				9 450				62 000
	31	转	13	结转制造费用	−7 550	−24 000		−9 450	−21 000		62 000	0

表9-18　生产成本明细账1

产品品种：A产品

2012年 月	日	凭证号数	摘要	借方 直接材料	借方 直接人工	借方 制造费用	借方 合计
1	6	转4	生产领料	121 500			121 500
	7	转5	生产领料	60 400			60 400

（续）

2012 年		凭证号数	摘要	借方			
月	日			直接材料	直接人工	制造费用	合计
	31	转 10	分配工资费用		59 350		59 350
	31	转 13	分配制造费用			38 750	38 750
			本月合计	181 900	59 350	38 750	280 000
	31	转 14	结转完工产品成本	-181 900	-59 350	-38 750	-280 000

表 9-19　生产成本明细账 2

产品品种：B 产品

2012 年		凭证号数	摘要	借方			
月	日			直接材料	直接人工	制造费用	合计
1	6	转 4	生产领料	40 500			40 500
	7	转 5	生产领料	83 050			83 050
	31	转 10	分配工资费用		32 200		32 200
	31	转 13	分配制造费用			23 250	23 250
			本月合计	123 550	32 200	23 250	179 000
	31	转 14	结转完工产品成本	-123 550	-32 200	-23 250	-179 000

表 9-20　应付账款明细账 1

二级科目：圣阳公司

2012 年		凭证号数	摘要	借方	贷方	借或贷	余额
月	日						
1	2	转 1	购买材料		280 800	贷	280 800
	5	银付 6	偿还货款	280 800		平	0
	31		本月合计	280 800	280 800	平	0

表 9-21　应付账款明细账 2

二级科目：青蓝公司

2012 年		凭证号数	摘要	借方	贷方	借或贷	余额
月	日						
1	24	转 8	购买材料		189 200	贷	189 200
	31		本月合计		189 200	贷	189 200

3. 月末结账

结账业务的核算。按照《企业会计准则》的要求，调整有关账项，合理确定本期应计的收入和应计的费用。承接上述业务实例。

1）31 日，经计算本月应付职工薪酬 139 690 元。其中：A 产品工人工资 59 350 元，B 产品工人工资 32 200 元；车间管理人员工资 24 000 元，行政管理人员工资 24 140 元。

2）31 日，提取本月固定资产折旧费 15 950 元。其中：生产用固定资产折旧费9 450 元，管理用固定资产折旧费 6 500 元。

3）31 日，经计算本月应付各种贷款利息 1 800 元。

4）31 日，经计算本月应付城市维护建设税 7 000 元，教育费附加 3 200 元。

将上述四项经济业务编制记账凭证（见表 9-22），并记入明细分类账（见表 9-17～表 9-19）和总分类账。

表 9-22　转账凭证 2

2012 年		凭证号数	摘要	账户名称		金额	
月	日			总账账户	明细账户	借方	贷方
1	31	转 10	月末分配工资费用	生产成本	A 产品	59 350	
				生产成本	B 产品	32 200	
				制造费用	人工费	24 000	
				管理费用	人工费	24 140	
				应付职工薪酬	工资		139 690
	31	转 11	计提折旧	制造费用	折旧费	9 450	
				管理费用	折旧费	6 500	
				累计折旧			15 950
	31	转 12	计提利息费用	财务费用	利息	1 800	
				应付利息			1 800
	31	转 15	结算营业税金及附加	营业税金及附加		10 200	
				应交税费	应交城建税		7 000
					教育费附加		3 200

5）31 日，A 产品本月生产工时 5 000 小时，B 产品本月生产工时 3 000 小时，按工时比例结转本月制造费用。

根据制造费用明细账归集的制造费用总额 62 000 元，月末在 A 产品和 B 产品之间分配，见表 9-23。

①计算制造费用分配率。

制造费用分配率 = 制造费用总额 ÷（产品生产工时总和或产品生产工人工资总额等）

= 62 000 ÷（5 000 + 3 000）

= 7.75

②计算某产品应负担的制造费用。某种产品应负担的制造费用 = 该种产品生产工时（生产工人工资等）× 制造费用分配率

A 产品应负担的制造费用 = 5 000 × 7.75 = 38 750（元）

B 产品应负担的制造费用 = 3 000 × 7.75 = 23 250（元）

表 9-23 制造费用分配表

产品名称	产品生产工时	分配率	分配金额
A 产品	5 000		38 750
B 产品	3 000		23 250
合计	8 000	7.75	62 000

③根据制造费用分配表，编制记账凭证见表 9-24，并记入有关账簿。

表 9-24 转账凭证 3

2012 年		记账凭证号数	摘 要	账 户 名 称		金 额	
月	日			总账账户	明细账户	借方	贷方
1	31	转 13	结转制造费用	生产成本	A 产品	38 750	
				生产成本	B 产品	23 250	
				制造费用			62 000

6）31 日，产品生产全部完工验收入库。其中：A 产品 2 000 件；B 产品 1790 件。结转完工产品成本，见表 9-25。

根据生产成本总账和明细账归集的费用总额计算 A 产品、B 产品的生产成本，A 产品总成本 280 000 元，B 产品总成本 179 000 元。编制记账凭证，记入有关账簿，见表 9-26。

表 9-25 产品成本汇总计算表

成本项目	A 产品			B 产品		
	总成本	数量	单位成本	总成本	数量	单位成本
直接材料	181 900	2 000	90.95	123 550	1 790	69
直接人工	59 350	2 000	29.675	32 200	1 790	18
制造费用	38 750	2 000	19.375	23 250	1 790	13
产品生产成本	280 000	2 000	140	179 000	1 790	100

表 9-26 转账凭证 4

2012 年		凭证号数	摘 要	账 户 名 称		金 额	
月	日			总账明细	明细账户	借方	贷方
1	31	转 14	结转生产成本	库存商品	A 产品	280 000	
				库存商品	B 产品	179 000	
				生产成本	A 产品		280 000
				生产成本	B 产品		179 000

7）31 日，结转已销产品的成本 5 000 元。

根据库存商品明细账计算发出商品的成本，A 产品 238 000 元，B 产品 90 000 元。编制记账凭证，记入有关账簿，见表 9-27。

表 9-27　转账凭证 5

2012 年		凭证号数	摘 要	账户名称		金额	
月	日			总账明细	明细账户	借方	贷方
1	31	转 16	结转已销材料的成本	其他业务成本		5 000	
				原材料	其他材料		5 000
	31	转 17	结转库存商品成本	主营业务成本		328 000	
				库存商品	A 产品		23 800
				库存商品	B 产品		90 000

月末将损益类账户的余额转入“本年利润”账户，结平所有损益类账户，真实反映本期财务成果。

8）31 日，结转本月损益类科目。

①根据收入、费用科目本期发生额编制转账凭证，并记账，见表 9-28。

表 9-28　转账凭证 6

2012 年		凭证号数	摘 要	账户名称		金额	
月	日			总账明细	明细账户	借方	贷方
1	31	转 18	结转收入	主营业务收入		645 000	
				其他业务收入		7 600	
				本年利润			652 600
	31	转 19	结转费用	本年利润		396 940	
				主营业务成本			32 800
				其他业务成本			5 000
				营业税金及附加			10 200
				销售费用			10 000
				管理费用			35 940
				财务费用			1 800
				营业外支出			6 000

②根据“本年利润”账户的本期借贷方发生额，计算本月利润总额为 255 660 元。

③然后按照税法的规定计算本期应交所得税，编制转账凭证，计算净利润。

（9）31 日，按本月利润总额的 25% 计算本月应交所得税 63 915 元，并结转，见表 9-29。

表 9-29　转账凭证 7

2012 年		凭证号数	摘 要	账户名称		金额	
月	日			总账明细	明细账户	借方	贷方
1	31	转 20	结算所得税	所得税费用		63 915	
				应交税费	应交所得税		63 915

（续）

2012 年		凭证号数	摘 要	账 户 名 称		金 额	
月	日			总账明细	明细账户	借方	贷方
	31	转 21	结转所得税费用	本年利润		63 915	
				所得税费用			63 915

4. 利润分配

董事会或类似机构按照国家规定和企业具体情况制订利润分配方方案，会计人员作出账务处理。

承接上述业务实例。1 月 31 日，按本月税后利润的 10% 计提盈余公积并结转，见表 9-30。

表 9-30 转账凭证 8

2012 年		凭证号数	摘 要	账 户 名 称		金 额	
月	日			总账明细	明细账户	借方	贷方
1	31	转 22	计提盈余公积	利润分配	计提盈余公积	19 174．5	
				盈余公积	法定盈余公积		19 174．5

在账账核对的基础上，结计出资产、负债和所有者权益账户的本期发生额和余额，见表 9-31。编制试算平衡表，见表 9-32。

表 9-31 总分类账 1

会计科目：库存现金

2012 年		凭证号数	摘要	借方	贷方	借或贷	余额
月	日						
1	1		期初余额			借	3 200
	2	现付 1	张明借款		800	借	2 400
	9	现付 2	张明报差旅费		240	借	2 160
	10	银付 7	提现金	5 000		借	7 160
	10	现付 3	购买办公用品		360	借	6 800
	17	现付 4	支付审计费		900	借	5 900
	27	现收 1	提供修理服务	600		借	6 500
	31		本月合计	5 600	2 300	借	6 500

会计科目：银行存款

2012 年		凭证号数	摘要	借方	贷方	借或贷	余额
月	日						
1	1		期初余额			借	563 200
	2	银付 1	支付运杂费		3000	借	560 200

（续）

2012 年		凭证号数	摘要	借方	贷方	借或贷	余额
月	日						
	2	银收 1	取得贷款	300 000		借	860 200
	3	银付 2	发放工资		129 800	借	730 400
	3	银付 3	上交税费		3 700	借	726 700
	3	银付 4	支付利息		6 200	借	720 500
	3	银收 2	收回货款	38 000		借	758 500
	4	银付 5	购买材料		211 800	借	546 700
	5	银付 6	偿还货款		280 800	借	265 900
	8	银收 2	收回货款	351 000		借	616 900
	10	银付 7	提现金		5 000	借	611 900
	13	银收 4	销售产品	50 000		借	661 900
	14	银付 8	偿还借款		120 000	借	541 900
	15	银收 9	向灾区捐款		6 000	借	535 900
	19	银付 10	支付广告费		10 000	借	525 900
	20	银收 5	收回货款	30 000		借	555 900
	25	银收 6	销售材料	8 190		借	564 090
	26	银付 11	支付水电费		24 000	借	540 090
	31		本月合计	777 190	800 300	借	540 090

会计科目：应收账款

2012 年		凭证号数	摘要	借方	贷方	借或贷	余额
月	日						
1	1		期初余额			借	38 000
	3	银收 2	收回货款		38 000	平	0
	4	转 3	销售产品	351 000		借	351 000
	8	银收 3	收回货款		351 000	平	0
	13	转 7	销售产品	143 050		借	143 050
	20	银收 5	收回货款		3 000	借	113 050
	24	转 9	销售产品	210 600		借	323 650
	31		本月合计	704 650	419 000	借	323 650

会计科目：其他应收款

2012 年		凭证号数	摘要	借方	贷方	借或贷	余额
月	日						
1	2	现付 1	张明借款	800		借	800
	9	转 6	张明报差旅费		800	平	800
	31		本月合计	800	800	借	0

（续）

会计科目：原材料

2012年		凭证号数	摘要	借方	贷方	借或贷	余额
月	日						
1	1		期初余额			借	28 750
	2	转2	材料入库	243 000		借	27 1750
	4	银付5	购买材料	181 200		借	452 950
	4	转4	生产领料		162 000	借	290 950
	6	转5	生产领料		151 000	借	139 950
	24	转8	购买材料	162 000		借	301 950
	31	转16	结转已销材料成本		5 000	借	296 950
	31		本月合计	586 200	318 000	借	296 950

会计科目：在途物资

2012年		凭证号数	摘要	借方	贷方	借或贷	余额
月	日						
1	2	银付1	支付运杂费	3 000		借	3 000
	2	转1	购买材料	240 000		借	243 000
	2	转2	结转采购成本		243 000	平	0
	31		本月合计	243 000	243 000	平	0

会计科目：库存商品

2012年		凭证号数	摘要	借方	贷方	借或贷	余额
月	日						
1	1		期初余额			借	54 400
	31	转14	结转生产成本	459 000		借	513 400
	31	转19	结转已销产品成本		328 000	借	185 400
	31		本月合计	459 000	328 000	借	185 400

会计科目：固定资产

2012年		凭证号数	摘要	借方	贷方	借或贷	余额
月	日						
1	1		期初余额			借	3 700 000

会计科目：累计折旧

2012年		凭证号数	摘要	借方	贷方	借或贷	余额
月	日						
1	1		期初余额			贷	341 850
	31	转11	计提折旧		15 950	贷	357 800
	31		本月合计		15 950	贷	357 800

（续）

会计科目：短期借款

2012 年		凭证号数	摘要	借方	贷方	借或贷	余额
月	日						
1	1		期初余额			贷	300 000
	2	银收 1	取得贷款		300 000	贷	600 000
	14	银付 8	偿还借款	120 000		贷	480 000
	31		本月合计	120 000	300 000	贷	480 000

会计科目：应付账款

2012 年		凭证号数	摘要	借方	贷方	借或贷	余额
月	日						
1	2	转 1	购买材料		280 800	贷	280 800
	5	银付 6	偿还货款	280 800		平	0
	24	转 8	购买材料		189 200	贷	198 200
	31		本月合计	280 800	470 000	贷	189 200

会计科目：应付利息

2012 年		凭证号数	摘要	借方	贷方	借或贷	余额
月	日						
1	1		期初余额			贷	6 200
	3	银付 4	支付利息	6 200		平	0
	31	转 12	计提利息费用		1 800	贷	1 800
	31		本月合计	6 200	1 800	贷	1 800

会计科目：应付职工薪酬

2012 年		凭证号数	摘要	借方	贷方	借或贷	余额
月	日						
1	1		期初余额			贷	129 800
	3	银付 2	发放工资	129 800		平	0
	31	转 10	分配工资费用		139 690	贷	139 690
	31		本月合计	129 800	139 690	贷	139 690

会计科目：应交税费

2012 年		凭证号数	摘要	借方	贷方	借或贷	余额
月	日						
1	1		期初余额			贷	3 700
	2	转 1	购买材料	40 800		借	37 100
	3	银付 3	支付税金	3 700		借	40 800
	4	银付 5	购买材料	30 600		借	71 400

（续）

2012年		凭证号数	摘要	借方	贷方	借或贷	余额
月	日						
	4	转3	销售产品		51 000	借	20 400
	4	转7	销售产品		28 050	贷	7 650
	13	转8	购买材料	27 200		借	19 550
	24	转9	销售产品		30 600	贷	11 050
	24	银收6	销售材料		1 190	贷	12 240
	25	转15	结算营业税金		10 200	贷	22 440
	31	转20	计算所得税		63 915	贷	86 355
	31		本月合计	102 300	184 955	贷	86 355

会计科目：实收资本

2012年		凭证号数	摘要	借方	贷方	借或贷	余额
月	日						
1	1		期初余额			贷	3 000 000

会计科目：盈余公积

2012年		凭证号数	摘要	借方	贷方	借或贷	余额
月	日						
1	1		期初余额			贷	250 000
	31	转22	计提盈余公积		19 174.5	贷	269 174.5
	31		本月合计		19 174.5	贷	269 174.5

会计科目：本年利润

2012年		凭证号数	摘要	借方	贷方	借或贷	余额
月	日						
1	31	转18	结转收入		652 600	贷	652 600
	31	转19	结转费用	396 940		贷	255 660
	31	转21	结转所得税费用	63 915	652 600	贷	191 745
	31		本月合计	460 855	652 600	贷	191 745

会计科目：利润分配

2012年		凭证号数	摘要	借方	贷方	借或贷	余额
月	日						
1	1		期初余额			贷	356 000
	31	转22	计提盈余公积	19 174.5		贷	336 825.5
			本月合计	19 174.5		贷	336 825.5

（续）

会计科目：生产成本

2012年		凭证号数	摘要	借方	贷方	借或贷	余额
月	日						
1	4	转4	生产领料	162 000		借	162 000
	6	转5	生产领料	143 450		借	305 450
	7	转10	结转制造费用	91 550		借	397 000
	31	转13	结转生产成本	62 000		借	459 000
		转14			459 000	平	0
			本月合计	459 000	459 000	平	0

会计科目：制造费用

2012年		凭证号数	摘要	借方	贷方	借或贷	余额
月	日						
1	7	转5	生产领料	7 550		借	7 550
	26	银付11	支付水电费	21 000		借	28 550
	31	转10	分配工资费用	24 000		借	52 550
	31	转11	计提折旧	9 450		借	62 000
	31	转13	结转制造费用		62 000	平	0
			本月合计	62 000	62 000	平	0

会计科目：主营业务收入

2012年		凭证号数	摘要	借方	贷方	借或贷	余额
月	日						
1	4	转3	销售产品		300 000	贷	300 000
	13	转7	销售产品		115 000	贷	415 000
	13	银收4	销售产品		50 000	贷	465 000
	24	转9	销售产品		180 000	贷	645 000
	31	转18	结转收入	645 000		平	0
			本月合计	645 000	645 000	平	0

会计科目：其他业务收入

2012年		凭证号数	摘要	借方	贷方	借或贷	余额
月	日						
1	25	银收6	销售材料		7 000	贷	7 000
	27	现收	修理服务		600	贷	7 600
	31	转18	结转收入	7 600		平	0
	31		本月合计	7 600	7 600	平	0

（续）

会计科目：主营业务成本

2012年		凭证号数	摘要	借方	贷方	借或贷	余额
月	日						
1	31	转17	已销产品成本	328 000		借	328 000
	31	转19	结转主营业务成本		328 000	平	328 000
			本月合计	328 000	328 000	平	0

会计科目：其他业务成本

2012年		凭证号数	摘要	借方	贷方	借或贷	余额
月	日						
1	31	转16	结转材料的成本	5 000		借	5 000
	31	转19	结转其他业务成本		5 000	平	0
	31		本月合计	5 000	5 000	平	0

会计科目：营业税金及附加

2012年		凭证号数	摘要	借方	贷方	借或贷	余额
月	日						
1	31	转15	结算营业税金及附加	10 200		借	10 200
	31	转19	结转费用		10 200	平	0
			本月合计	10 200	10 200	平	0

会计科目：销售费用

2012年		凭证号数	摘要	借方	贷方	借或贷	余额
月	日						
1	19	银付10	支付广告费	10 000		借	10 000
	31	转19	结转费用		10 000	平	0
	31		本月合计	10 000	10 000	平	0

会计科目：管理费用

2012年		凭证号数	摘要	借方	贷方	借或贷	余额
月	日						
1	9	转6	张明报差旅费	800		借	800
	9	现付2	张明报差旅费	240		借	1 040
	10	现付3	购买办公用品	360		借	1 400
	17	现付4	支付审计费	900		借	2 300
	26	银付11	支付水电费	3 000		借	5 300
	31	转10	分配工资费用	24 140		借	29 440
	31	转11	计提折旧	6 500		借	35 940
	31		结转费用		35 940	平	0
			本月合计	35 940	35 940	平	0

（续）

会计科目：财务费用

2012年		凭证号数	摘要	借方	贷方	借或贷	余额
月	日						
1	31	转12	计提利息费用	1 800		借	1 800
0	31	转19	结转费用		1 800		平
	31		本月合计	1 800	1 800	平	0

会计科目：所得税费用

2012年		凭证号数	摘要	借方	贷方	借或贷	余额
月	日						
1	31	转20	计算所得税	63 915		借	63 915
		转20	结转费用		63 915	平	0
	31		本月合计	63 915	63 915	平	0

会计科目：营业外支出

2012年		凭证号数	摘要	借方	贷方	借或贷	余额
月	日						
1	15	银付9	向灾区捐款	6 000		借	6 000
	31	转19	结转营业外支出		6 000	平	0
	31		本月合计	6 000	6 000	平	0

表9-32　万华公司总分类账户本期发生额及余额试算平衡表

2012年1月

账户名称	期初余额		本期发生额		期末余额	
	借方	贷方	借方	贷方	借方	贷方
库存现金	3 200		5 600	2 300	6 500	
银行存款	563 200		777 190	800 300	540 090	
应收账款	38 000		704 650	419 000	323 650	
其他应收款			800	800		
在途物资			243 000	243 000		
原材料	28 750		586 200	318 000	296 950	
库存商品	54 400		459 000	328 000	185 400	
生产成本			459 000	459 000		
制造费用			62 000	62 000		
固定资产	3 700 000				3 700 000	
累计折旧		341 850		15 950		357 800
短期借款		300 000	120 000	300 000		480 000
应付账款			280 800	470 000		189 200
应付职工薪酬		129 800	129 800	139 690		139 690

（续）

账户名称	期初余额		本期发生额		期末余额	
	借方	贷方	借方	贷方	借方	贷方
应交税费		3 700	102 300	184 955		86 355
应付利息		6 200	6 200	1 800		1 800
实收资本		3 000 000				3 000 000
盈余公积		250 000		19 174.5		269 174.5
本年利润			460 855	652 600		191 745
利润分配		356 000	19 174.5			336 825.5
主营业务收入			645 000	645 000		
其他业务收入			7 600	7 600		
主营业务成本			328 000	328 000		
其他业务成本			5 000	5 000		
营业税金及附加			10 200	10 200		
销售费用			10 000	10 000		
管理费用			35 940	35 940		
财务费用			1 800	1 800		
所得税费用			63 915	63 915		
营业外支出			6 000	6 000		
合计	4 387 550	4 387 550	5 530 024．5	5 530 024．5	5 052 590	5 052 590

5. 编制财务报表

资产负债表见表9-33，利润表见表9-34。

表9-33　资产负债表2

编制单位：万华公司　　　　2012年1月31日　　　　单位：元

资　产	期末余额	年初余额	负债和所有者权益	期末余额	年初余额
流动资产：		略	流动负债：		略
货币资金	546 590		短期借款	480 000	
应收票据			应付票据		
应收账款	323 650		应付账款	189 200	
预付款项			预收账款		
应收利息			应付职工薪酬	139 690	
应收股利			应交税费	86 355	
其他应收款			应付利息	1 800	
存货	482 350		应付股利		
流动资产合计	1 352 590		其他应付款		
非流动资产：			流动负债合计	897 045	
固定资产	3 342 200		非流动负债：		

（续）

资 产	期末余额	年初余额	负债和所有者权益	期末余额	年初余额
工程物资			长期借款		
在建工程			应付债券		
无形资产			长期应付款		
非流动资产合计	3 342 200		非流动负债合计		
			负债合计	897 045	
			所有者权益：		
			实收资本	3 000 000	
			资本公积		
			盈余公积	269 174. 5	
			未分配利润	528 570. 5	
			所有者权益合计	3 797 745	
资产总计	4 694 790		负债和所有者权益总计	4 694 790	

表 9-34　利润表 2

编报单位：万华公司　　　　2012 年 1 月　　　　单位 ：元

项　　目	序号	本期金额	本年累计金额
一、营业收入	1	652 600	
减：营业成本	2	333 000	
营业税金及附加	3	10 200	
销售费用	4	10 000	
管理费用	5	35 940	
财务费用	6	1 800	
加：投资收益（损失以“－”号填列）	7		
二、营业利润（亏损以“－”号填列）	8	261 660	
加：营业外收入	9		
减：营业外支出	10	6 000	
三、利润总额（亏损以“－”号填列）	11	255 660	
减：所得税费用	12	63 915	
四、净利润	13	191 745	

单元小结

★　记账凭证核算程序的特点；记账的步骤；记账凭证核算程序的优缺点及适用范围。

★　记账凭证核算程序的应用。

第三单元　科目汇总表核算程序

单元情景

记账凭证核算程序登记总账的工作量比较大，利用万华公司的会计核算资料，练习科目汇总表核算程序，体会科目汇总表核算程序与记账凭证核算程序的区别。

知识储备

一、科目汇总表核算程序的设计要求

科目汇总表核算程序的特点是，定期将记账凭证编制成科目汇总表，然后根据科目汇总表登记总分类账。

科目汇总表也称记账凭证汇总表，是定期对全部记账凭证进行汇总，按各个会计科目列示其借方发生额和贷方发生额的一种汇总凭证，见表9-35。依据借贷记账法的基本原理，科目汇总表中各个会计科目的借方发生额合计数与贷方发生额合计数应该相等，因此，科目汇总表具有试算平衡的作用。科目汇总表是科目汇总表核算形式下总分类账登记的依据。

采用科目汇总表核算程序时，其账簿设置、各种账簿的格式以及记账凭证的种类，基本与记账凭证账务处理程序相同。

表 9-35　科目汇总表

年　　月

总账账户	1～10 日发生额		11～20 日发生额		21～30 日发生额		合计	
	借方	贷方	借方	贷方	借方	贷方	借方	贷方
合计								

二、科目汇总表核算程序的工作步骤

科目汇总表核算程序的工作步骤，如图 9-2 所示。

（1）根据原始凭证或原始凭证汇总表填制记账凭证。

（2）根据收款凭证和付款凭证逐笔登记现金日记账和银行存款日记账。

（3）根据原始凭证、原始凭证汇总表或记账凭证登记各种明细分类账。

（4）根据记账凭证定期编制科目汇总表。

（5）月末，根据编制的科目汇总表登记总分类账。

（6）月末，将现金日记账、银行存款日记账的余额以及各种明细分类账的余额合计数，

分别与总分类账中相关账户的余额核对。

（7）月末，根据核对无误的总分类账和明细分类账的相关资料，编制财务报表。

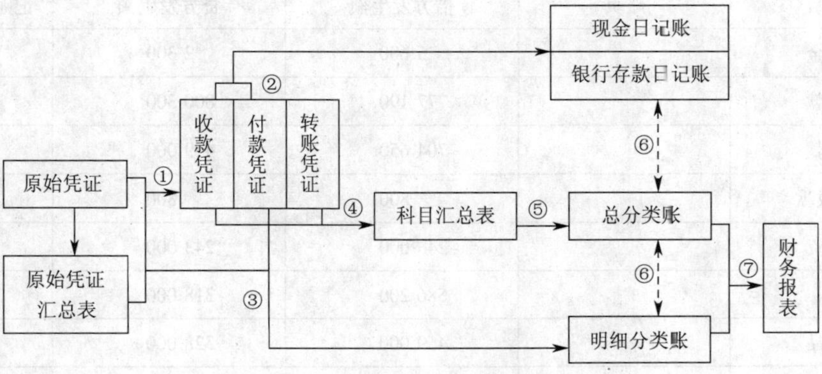

图 9-2　科目汇总表核算程序

2. 科目汇总表的填制方法

科目汇总表的填列方法如下。

（1）先将汇总期内各项经济业务所涉及的会计科目填列在科目汇总表的“会计科目”栏内，填列的顺序最好与总分类账上会计科目的顺序相同，以便于登记总分类账。

（2）依据汇总期内所有的记账凭证，按照相同的会计科目归类，分别计算各会计科目的借方发生额和贷方发生额，并将其金额填入科目汇总表的相应栏内。编制科目汇总表时可全部汇总，也可分类汇总。全部汇总即所有记账凭证汇总在一张科目汇总表上；分类汇总是将收款、付款、转账三种会计凭证分类汇总，编制三张科目汇总表。

（3）进行本期发生额试算平衡。试算无误后，据以登记总分类账。

科目汇总表可以每月汇总一次，也可以视业务量大小每 5 天或 10 天汇总一次。为便于编制科目汇总表，所有的记账凭证可采用单式记账凭证来填制，这样便于汇总计算其借贷方发生额，不易出错。

上述内容可以看出，科目汇总表核算程序与记账凭证核算程序的根本区别点在于，登记总账的方法不同：科目汇总表核算程序中，登记总账之前先编制科目汇总表，然后根据科目汇总表登记总账。

3. 科目汇总表核算程序的优缺点及适用范围

这种账务处理程序的主要优点是：根据定期编制的科目汇总表登记总分类账，可大大地简化总分类账的登记工作；通过科目汇总表的编制，可进行发生额试算平衡，及时发现差错。但由于科目汇总表是定期汇总计算每一账户的借方、贷方发生额，并不考虑账户间的对应关系，因而在科目汇总表和总分类账中，不能明确反映账户的对应关系，不便于了解经济业务的具体内容。这种账务处理程序主要适用于经济业务量较大的企业。

三、业务实例

以上一个单元万华公司的业务为例说明科目汇总表核算程序。

1. 编制科目汇总表

根据万华公司 2012 年 1 月份的经济业务编制会计凭证和科目汇总表，采用全部汇总的方法编制科目汇总表，见表 9-36。

表 9-36 科目汇总表

2012 年 1 月 1 日至 31 日　　汇字第 1 号

会计科目	账页	借方发生额	贷方发生额	记账凭证起讫号数
库存现金		5 600	2 300	
银行存款		777 190	800 300	
应收账款		704 650	419 000	
其他应收款		800	800	
在途物资		243 000	243 000	
原材料		586 200	318 000	
库存商品		459 000	328 000	
生产成本		459 000	459 000	
制造费用		62 000	62 000	
累计折旧			15 950	
短期借款		120 000	300 000	
应付账款		280 800	470 000	
应付职工薪酬		129 800	139 690	
应交税费		102 300	184 955	
应付利息		6 200	1 800	
盈余公积			19 174. 5	
本年利润		460 855	652 600	
利润分配		19 174. 5		
主营业务收入		645 000	645 000	
其他业务收入		7 600	7 600	
主营业务成本		328 000	328 000	
其他业务成本		5 000	5 000	
营业税金及附加		10 200	10 200	
销售费用		10 000	10 000	
管理费用		35 940	35 940	
财务费用		1 800	1 800	
所得税费用		63 915	63 915	
营业外支出		6 000	6 000	
合计		5 530 024. 5	5 530 024. 5	

2. 登记总分类账

根据科目汇总表登记总分类账，其他账簿登记省略，见表 9-37。

表 9-37 总分类账 2

会计科目：库存现金

2012 年		凭证号数	摘要	借方	贷方	借或贷	余额
月	日						
1	1		期初余额			借	3 200
	31	汇字 1 号	本月合计	5 600	2 300	借	6 500

会计科目：银行存款

2012 年		凭证号数	摘要	借方	贷方	借或贷	余额
月	日						
1	1		期初余额			借	563 200
	31	汇字 1 号	本月合计	777 190	800 300	借	540 090

会计科目：应收账款

2012 年		凭证号数	摘要	借方	贷方	借或贷	余额
月	日						
1	1		期初余额			借	38 000
	31	汇字 1 号	本月合计	704 650	419 000	借	323 650

会计科目：其他应收款

2012 年		凭证号数	摘要	借方	贷方	借或贷	余额
月	日						
1	31	汇字 1 号	本月合计	800	800	平	0

会计科目：原 材 料

2012 年		凭证号数	摘要	借方	贷方	借或贷	余额
月	日						
1	1		期初余额			借	28 750
	31	汇字 1 号	本月合计	586 200	318 000	借	296 950

会计科目：在途物资

2012 年		凭证号数	摘要	借方	贷方	借或贷	余额
月	日						
1	31	汇字 1 号	本月合计	243 000	243 000		

会计科目：库存商品

2012 年		凭证号数	摘要	借方	贷方	借或贷	余额
月	日						
1	1		期初余额			借	54 400
	31	汇字 1 号	本月合计	459 000	328 000	借	185 400

（续）

会计科目：固定资产

2012年		凭证号数	摘要	借方	贷方	借或贷	余额
月	日						
1	1		期初余额			借	3 700 000

会计科目：累计折旧

2012年		凭证号数	摘要	借方	贷方	借或贷	余额
月	日						
1	1		期初余额			贷	341 850
	31	汇字1号	本月合计		15 950	贷	357 800

会计科目：短期借款

2012年		凭证号数	摘要	借方	贷方	借或贷	余额
月	日						
1	1		期初余额			贷	300 000
	31	汇字1号	本月合计	120 000	300 000	贷	480 000

会计科目：应付账款

2012年		凭证号数	摘要	借方	贷方	借或贷	余额
月	日						
1	31	汇字1号	本月合计	280 800	470 000	贷	189 220

会计科目：应付利息

2012年		凭证号数	摘要	借方	贷方	借或贷	余额
月	日						
1	1		期初余额			贷	6 200
	31	汇字1号	本月合计	6 200	1 800	贷	1 800

会计科目：应付职工薪酬

2012年		凭证号数	摘要	借方	贷方	借或贷	余额
月	日						
1	1		期初余额			贷	129 800
	31	汇字1号	本月合计	129 800	139 690	贷	139 690

会计科目：应交税费

2012年		凭证号数	摘要	借方	贷方	借或贷	余额
月	日						
1	1		期初余额			贷	3 700
	31	汇字1号	本月合计	102 300	189 455	贷	86 355

（续）

会计科目：实收资本

2012年		凭证号数	摘要	借方	贷方	借或贷	余额
月	日						
1	1		期初余额			贷	3 000 000
	31	汇字1号	本月合计			贷	3 000 000

会计科目：盈余公积

2012年		凭证号数	摘要	借方	贷方	借或贷	余额
月	日						
1	1		期初余额			贷	250 000
	31	汇字1号	本月合计		19 174.5	贷	269 174.5

会计科目：本年利润

2012年		凭证号数	摘要	借方	贷方	借或贷	余额
月	日						
1	31	汇字1号	本月合计	460 855	652 600	贷	191 745

会计科目：利润分配

2012年		凭证号数	摘要	借方	贷方	借或贷	余额
月	日						
1	1		期初余额			贷	356 000
	31	汇字1号	本月合计	19 174.5		贷	336 825.5

会计科目：生产成本

2012年		凭证号数	摘要	借方	贷方	借或贷	余额
月	日						
1	31	汇字1号	本月合计	459 000	459 000	平	0

会计科目：制造费用

2012年		凭证号数	摘要	借方	贷方	借或贷	余额
月	日						
1	31	汇字1号	本月合计	62 000	62 000	平	0

会计科目：主营业务收入

2012年		凭证号数	摘要	借方	贷方	借或贷	余额
月	日						
1	31	汇字1号	本月合计	645 000	645 000	平	0

会计科目：其他业务收入

2012年		凭证号数	摘要	借方	贷方	借或贷	余额
月	日						
1	31	汇字1号	本月合计	7 600	7 600	平	0

（续）

会计科目：主营业务成本

2012年		凭证号数	摘要	借方	贷方	借或贷	余额
月	日						
1	31	汇字1号	本月合计	328 000	328 000	平	0

会计科目：其他业务成本

2012年		凭证号数	摘要	借方	贷方	借或贷	余额
月	日						
1	31	汇字1号	本月合计	5 000	5 000	平	0

会计科目：营业税金及附加

2012年		凭证号数	摘要	借方	贷方	借或贷	余额
月	日						
1	31	汇字1号	本月合计	10 200	10 200	平	0

会计科目：销售费用

2012年		凭证号数	摘要	借方	贷方	借或贷	余额
月	日						
1	31	汇字1号	本月合计	10 000	10 000	平	0

会计科目：管理费用

2012年		凭证号数	摘要	借方	贷方	借或贷	余额
月	日						
1	31	汇字1号	本月合计	35 940	35 940	平	0

会计科目：财务费用

2012年		凭证号数	摘要	借方	贷方	借或贷	余额
月	日						
1	31	汇字1号	本月合计	1 800	1 800	平	0

会计科目：所得税费用

2012年		凭证号数	摘要	借方	贷方	借或贷	余额
月	日						
1	31	汇字1号	本月合计	63915	63915	平	0

会计科目：营业外支出

2012年		凭证号数	摘要	借方	贷方	借或贷	余额
月	日						
1	31	汇字1号	本月合计	6000	6000	平	0

单元小结

★ 科目汇总表的编制方法。

★ 科目汇总表核算程序的设计要求、工作步骤；登记总分类账。

参 考 文 献

[1] 张玉森. 基础会计 [M]. 4 版. 北京：高等教育出版社，2011.
[2] 中华人民共和国财政部. 企业会计准则 [M]. 北京：经济科学出版社，2006.
[3] 中华人民共和国财政部. 小企业会计准则 [M]. 上海：立信会计出版社，2012.